OVIDIO'S SELECTION

Editoriale EDITORIAL

Ovidio Guaita, Editor-in-Chief

Il Four Seasons Explorer è tornato a itinerare tra gli atolli maldiviani dopo il restyling. Il One&Only Reethi Rah è appena stato nominato il più bel resort del mondo. Lo Shangri-la Villingili affronta la sua prima primavera. E poi ci sono le vecchie glorie, mai dimenticate e sempre più gettonate.

Non conoscono crisi le Maldive. Forti di un mercato europeo e asiatico inesauribile moltiplicano le loro proposte. Sempre di qualità e innovative. E sempre più sparse nell'arcipelago, grazie anche all'apertura internazionale dell'aeroporto di Gan. Ecco il meglio del meglio in uno speciale mozzafiato che farà sognare anche i più scettici. Volando sulle ali di Qatar Aiways, "the World's 5-star Airline".

Vi proponiamo anche un desert resort a Doha (ideale per chi vola con Qatar che qui fa tappa), l'unico Kempinski italiano a Mazara del Vallo, lo storico e fascinoso American Colony di Gerusalemme. Tante rubriche e un viaggio in Giordania. Anche qui all'insegna del lusso e dell'esclusività.

Resorts Magazine è più che mail lo strumento indispensabile per chi cerca l'eccellenza. Nell'ospitalità in resorts e city hotel, a bordo di treni, navi e aerei, e in viaggio. Tutte proposte testate per voi dai nostri inviati. Per dare più valore ai vostri soldi e al vostro tempo.

The Four Seasons Explorer has gone back to sailing amid the Maldivian Atolls after its refurbishing. The One&Only Reethi Rah has just been named the most beautiful resort in the world. The Shangri-la Villingili confronts its first spring. And then there are the old glories, never forgotten and more and more sought after.

The Maldives know no crisis. Forts of a inexhaustible European and Asian market they then multiply their proposals - always a source of great quality and innovation. And ever more dispersed in the archipelago, thanks even to the opening of the International Airport of Gan. Here is the best of the best in a breathtaking special that will make even the most skeptical of us dream. Flying on the wings of Qatar Airways, "the World's 5-Star Airline".

We also propose a desert resort in Doha (ideal for those who fly on Qatar with a connection here), the only Italian Kempinsky in Mazara del Vallo and the historical and fascinating American Colony of Jerusalem. Numerous columns and a trip to Saudi Arabia. This too in the name of luxury.

Resorts Magazine is more than ever the indispensible instrument for those in search of excellence- in hospitality in resorts and city hotels, aboard trains, ships and planes, and travelling. All proposals tested for you by our correspondents. To give more value to your money and time.

Sommario CONTENTS

Rubriche Columns

16. **TOP 10**
I 10 più bei resorts del mondo
Top 10 Resorts Worldwide

22. **NEWS**
Il Sudafrica nel pallone
Having a Ball in South Africa

24. **DRESS CODE**
Alta orologeria
Haute Horlogerie

26. **DESIGN HOTEL**
First Grimm Hotel, Oslo

32. **CITY HOTEL**
Principi di Piemonte, Torino

36. **GOURMET HOTEL**
Grand Hotel, Wien

40. **ECO RESORT**
Frégate Island Private, Seychelles

44. **SKY SUITES**
Cathay Pacific

48. **INTERVIEW**
Patrizio Cipollini / Four Seasons Hotel Firenze

Sommario CONTENTS

Speciale Maldive *Maldives Special*

56. Introduzione *Introduction*

60. One&Only Reethi Rah
68. Four Seasons Resort Maldives at Kuda Huraa
76. Four Seasons Resort Maldives at Landaa Giraavaru
84. Four Seasons Explorer
92. Shangri-la's Villingili Resort & Spa
100. Maldives Selection

102. note di viaggio *travel notes*
     Qatar Airways

Sommario CONTENTS

Articoli *Articles*

106. DESERT RESORT
Sharq Village & Spa, Doha

112. MEDITERRANEAN RESORT
Kempinski Giardini di Costanza, Sicilia

118. HISTORIC HOTEL
American Colony, Jeruslem

124. TRAVEL FOR TRAVELLERS
Mada'in Saleh

132. note di viaggio *travel notes*
Arabia Saudita
Saudi Arabia

RESORTS
NEW GETAWAYS SPACES ATTITUDES - NUOVE EVASIONI SPAZI ATTITUDINI

Anno | Volume VI, No 27 Primavera | Spring 2010

Direttore responsabile | Editor-in-Chief
Ovidio Guaita

Redattore Capo | Senior Editor
Lawrence Taylor

Collaboratori | Contributors
Elsa Bozzaotra, Paola Beatrice Eliseba Di Girolamo, Paolo Gerbaldo, Alessandra Jovinelli, Giuseppe Lai, Jarvis Macchi

Grafico | Graphic
Niccolò Angeli
www.niccoloangeli.com

Web Designer
Riccardo Casano
www.riccardocasano.com

Abbonamenti | Subscriptions
(4 numeri annui - 4 issues per year)
Italia | Italy 40 €
Europa | Europe 70 €
Resto del mondo | Rest of the world 90 €

Editore | Publisher
PalidanoPress
1A Pope Street
SE1 3PR London

US Office
1133 Broadway, Suite 708
New York, NY 10010
www.palidano.com

pubblicazione trimestrale | quarterly publication
© 2010 Palidano Press Ltd

Tutti i diritti di proprietà artistica riservati. E' vietato qualsiasi tipo di riproduzione, intera o parziale, in qualsiasi lingua, senza previa autorizzazione scritta dell'editore.
All rights reserved. Reproduction in whole or in part without written permission is strictly prohibited.

ISSN 2043-6629
www.resorts.it

Cover Shangri-la's Villingili Resort & Spa Maldives, a destra Frégate Island Private, Seychelles

Hanno viaggiato per noi
Our correspondents

OVIDIO GUAITA
Da Firenze all'Arabia Saudita. Ovidio, direttore di Resorts Magazine ma anche Direttore Editoriale della casa editrice, è un profondo conoscitore della penisola arabica. Dopo l'intervista con il general manager del Four Seasons Hotel di Firenze è tornato in Arabia per il prossimo libro della Palidano Press dedicato a quella regione. In queste pagine ce ne offre un assaggio.

From Florence to Saudi Arabia. Ovidio, editor-in-chief of Resorts Magazine, Editorial Director of The Publishing Company and also connoisseur of the Arabian Peninsula, after the interview with the general manager of the Four Seasons Hotel in Florence, has returned to Arabia for his next book for Palidano Press dedicated to the region. He offers us a sample in these pages.

LAWRENCE TAYLOR
Larry per gli amici, esperto delle Maldive, recentemente è tornato in questo angolo di paradiso per presentarci il meglio. Ed è proprio tra questi atolli che è stato selezionato il top resort del 2010, l'One&Only Reethi Rah. Il più bello del mondo (per quest'anno).

Larry for friends, expert on the Maldives, recently back in this corner of paradise to present us with the best. And it is among these very atolls that the Top Resort for 2010, The One&Only Reethi Rah was selected. The most beautiful in the world (for this year).

PAOLO GERBALDO
Infaticabile inviato, Paolo alterna gli impegni con Resorts Magazine alle ricerche sulla storia del viaggio e dell'ospitalità dal Settecento al Novecento. Una sinergia preziosa che ci aiuta a mettere in prospettiva tradizione e innovazione nel campo dell'ospitalità.

Tireless correspondent, Paolo alternates his tasks for Resorts Magazine with his research on the history of travelling and hospitality from the seventeen hundreds to the nineteen hundreds. A precious synergy to put into perspective tradition and innovation.

PAOLA BEATRICE ELISEBA DI GIROLAMO
Paola è la più giovane collaboratrice di Resorts Magazine. Neolaureata in lettere antiche è approdata in redazione da un anno. Per noi è andata a Oslo per recensire il First Hotel Grims Grenka.

Paola is the youngest collaborator of Resorts Magazine. Recently graduated in Classics Studies, she landed in our company just a year ago. She went to Oslo for us to assess the First Hotel Grims Grenka.

JARVIS MACCHI
E' il direttore di LuxRevolution.com. Guru del lusso internazionale Jarvis in ogni numero propone gli accessori per i viaggiatori più esigenti, selezionati tra quando di meglio le griffe più quotate offrono. Una scelta difficile che solo un esperto può fare.

The Editor of LuxRevolution.com. In every issue Jarvis, guru of international luxury, proposes accessories for the most demanding travellers, selected from the best that the most important brands have to offer. A difficult choice that only an expert could make.

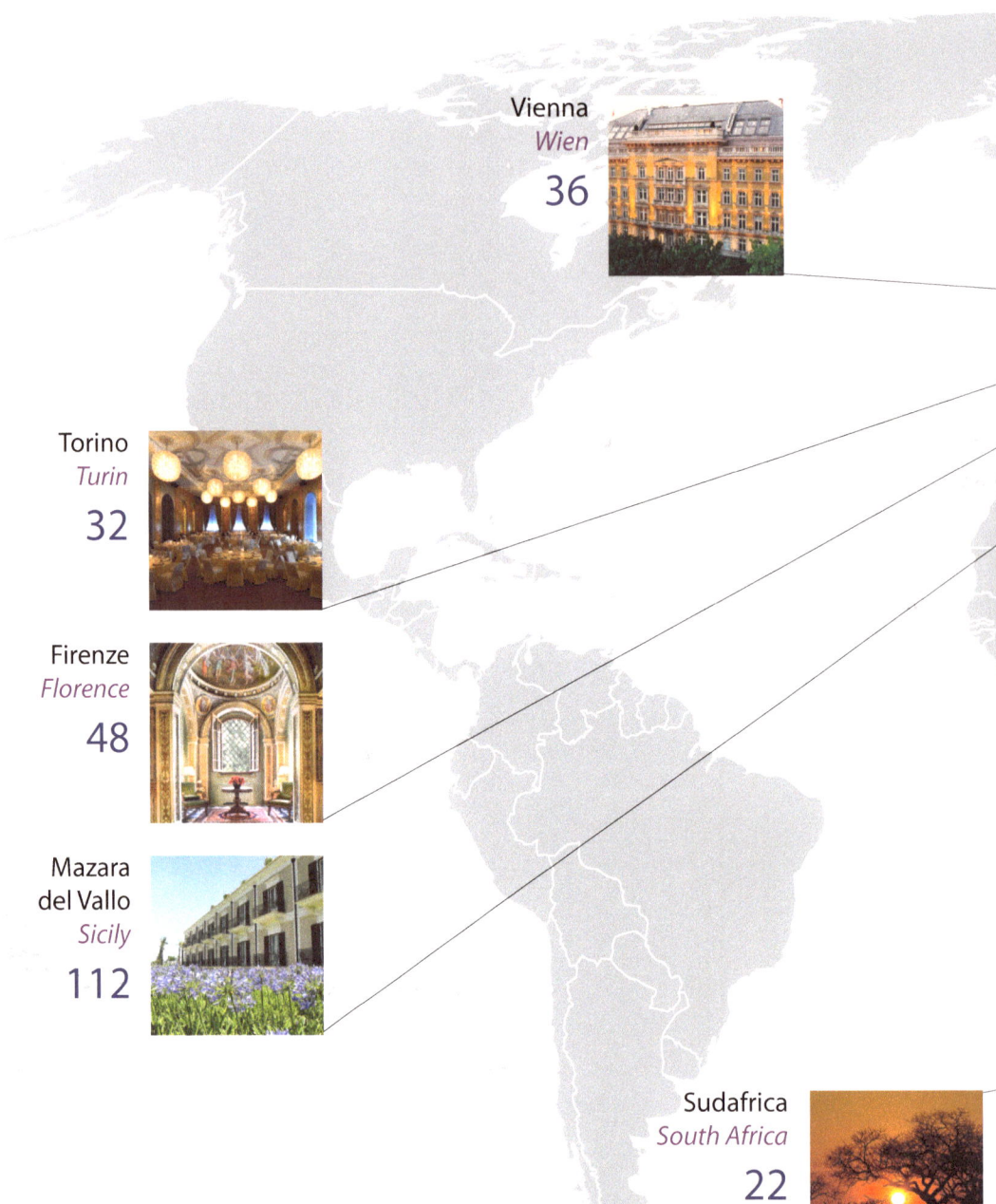

Vienna
Wien
36

Torino
Turin
32

Firenze
Florence
48

Mazara del Vallo
Sicily
112

Sudafrica
South Africa
22

Dove siamo stati
Our destinations

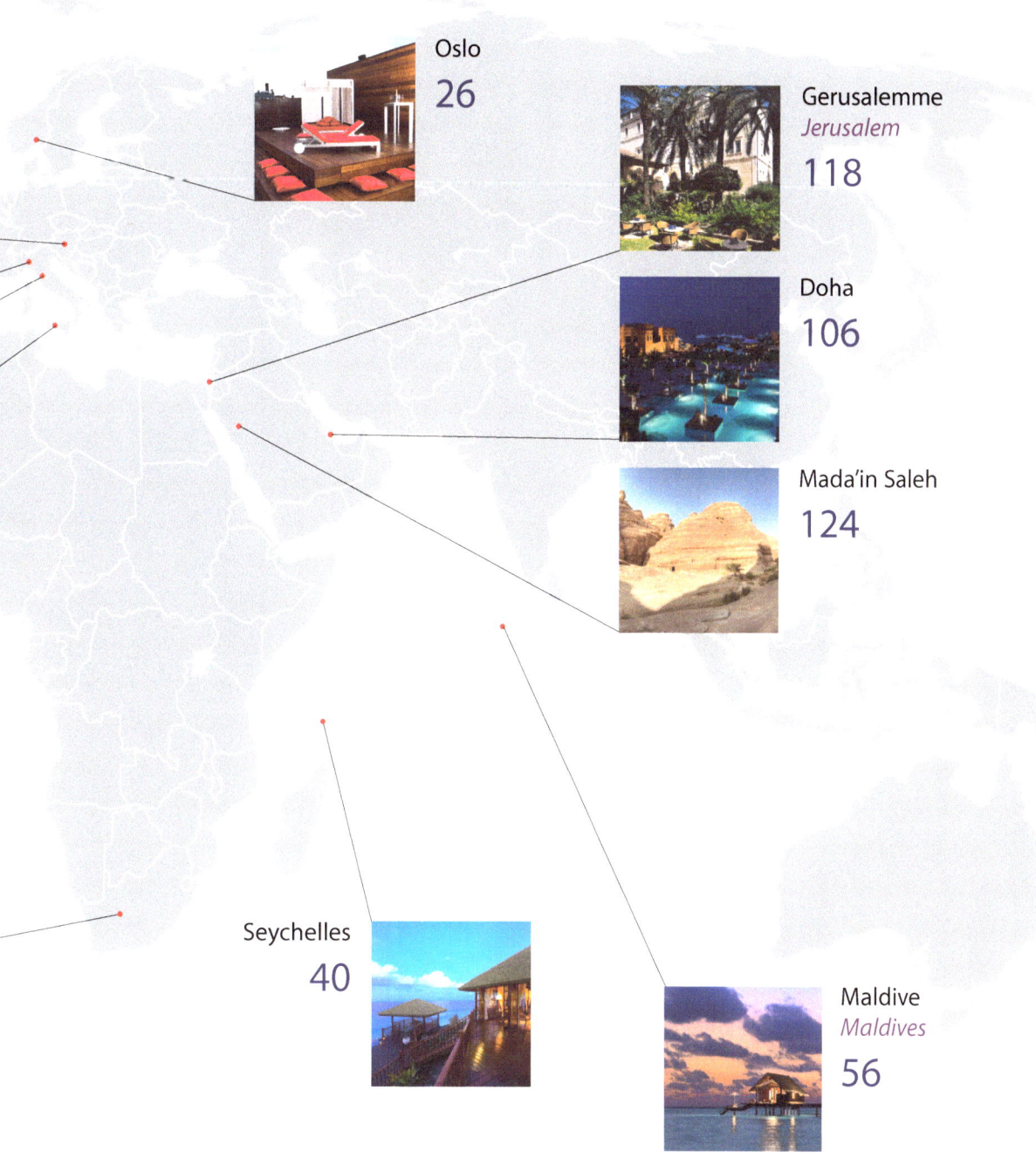

Oslo
26

Gerusalemme
Jerusalem
118

Doha
106

Mada'in Saleh
124

Seychelles
40

Maldive
Maldives
56

TOP 10 / TOP 10 RESORTS WORLDWIDE 2010

TOP 10 RESORTS worldwide 2010

E' l'One&Only Reethi Rah alle Maldive il resort più bello del mondo del 2010.

The One&Only Reethi Rah in the Maldives is the most beautiful resort in the world for 2010.

È l'One&Only Reethi Rah alle Maldive il resort più bello del mondo del 2010. Lo hanno deciso i nostri giornalisti-ispettori dopo aver visitato decine di strutture scelte tra le migliori al mondo. E' il migliore per il design raffinato, la qualità delle rifiniture e dei materiali, le dimensioni delle ville e delle loro piscine, per la vegetazione, i giardini, le dimensioni generose, il servizio e la privacy incredibile che offre.

The One&Only Reethi Rah in the Maldives is the most beautiful resort in the world for 2010. This was the opinion of our journalists-inspectors after having visited tens of structures chosen from the best in the world. It is the best for its refined design, the quality of the finishing touches and materials, the dimensions of the villas and their pools, for the vegetation, the gardens, the generous dimensions, the service and the incredible privacy it offers.

1. One&Only Maldives at Reethi Rah
2. Four Seasons Resort Maldives at Landaa Giraavaru
3. Four Seasons Resort Langkawi, Malaysia
4. Burj al Arab, Dubai, UAE
5. Taj Umaid Bhawan Palace, Jodhpur, India
6. Four Seasons Resort Bali at Jimbaran Bay, Indonesia
7. Banyan Tree Desert Spa and Resort, Al Areen, Bahrain
8. Al Maha Desert Resort & Spa, Dubai, UAE
9. Four Seasons Resort Bali at Sayan, Indonesia
10. Amanjiwo, Java, Indonesia

TOP 10 / TOP 10 RESORTS WORLDWIDE 2010

Ottima poi la cucina e una grande spa che lo rendono unico. Un luogo da sogno, molto *glamour*, in un'isola incantata.

Ben quattro Four Seasons compaiono tra i top 10 ma sono presenti anche Taj, Aman, Banyan Tree, One&Only e Jumeirah. Sono tutte in Oriente queste perle dell'ospitalità mondiale. Ancora nessun resort a ovest di Suez è entrato nell'olimpo dell'ospitalità *leisure* anche se non mancano ottime strutture. Il panorama è estremamente fluido e noi vi terremo informati.

Superb for its cuisine and the grand spa which renders it unique. A glamorous dream destination on an enchanted island.

A good four of the Four Seasons properties appear among the top ten but present also are Taj, Aman, Banyan Tree, One&Only and Jumeirah. These pearls of world hospitality are all located in the Orient. Still no resort west of the Suez has entered the Olympus of leisure hospitality even though superb structures are not missing. The panorama is extremely fluid and we will keep you informed.

18 **Resorts Magazine** >> *Spring 2010*

Top 100 Resorts worldwide

1. One&Only Maldives at Reethi Rah
2. Four Seasons Resort Maldives at Landaa Giraavaru
3. Four Seasons Resort Langkawi
4. Burj al Arab
5. Taj Umaid Bhawan Palace
6. Four Seasons Resort Bali at Jimbaran Bay
7. Banyan Tree Desert Spa and Resort, Al Areen
8. Al Maha Desert Resort & Spa
9. Four Seasons Resort Bali at Sayan
10. Amanjiwo
11. Emirates Palace
12. Four Seasons Resort Maldives at Kuda Huraa
13. Taj Exotica Resort and Spa Maldives
14. The Peninsula Hong Kong
15. Ayana Resort and Spa Bali
16. Bulgari Resort, Bali
17. Ananda in the Himalayas
18. Raffles Hotel Singapore
19. Amanusa
20. Four Seasons Resort Chiang Mai
21. The Oberoi Rajvilas
22. Taj Lake Palace
23. Frégate Island Private
24. Badrutt's Palace
25. Amanbagh
26. Sabi Sabi Earth Lodge
27. Parrot Cay
28. The Oberoi Amarvilas
29. Four Seasons Hotel Firenze
30. Banyan Tree Phuket
31. The Peninsula Bangkok
32. The Chedi Chiang Mai
33. Mandarin Oriental Hyde Park
34. Amandari
35. The Chedi Muscat
36. Four Seasons Hotel Shanghai
37. The Fortress Galle
38. Bulgari Hotel Milano
39. Park Hyatt Milano
40. Banyan Tree Seychelles
41. Beau-Rivage Lausanne
42. Amanjena
43. Brenner's Baden Baden
44. Palazzo Sasso
45. The Oberoi Udaivilas
46. Fairmont Banff Springs
47. The Oberoi Cecil
48. The Dharmawangsa
49. The Empire Hotel & Country Club
50. Le Prince Maurice
51. Amanpuri
52. Singita Sweni Lodge
53. Amansara
54. Amanwana
55. Como Shambhala Estate
56. Shanti Ananda Maurice
57. One&Only Royal Mirage, The Residence
58. Anassa
59. Reid's Palace
60. Conrad Maldives Rangali Island
61. Grande Roche
62. Amanpulo
63. One&Only Ocean Club
64. Aman-i-Khas
65. Hotel des Trois Couronnes Vevey
66. Amankora
67. Amanwella
68. Raffles Resort Canouan Island
69. Mandarin Oriental Bangkok
70. Four Seasons Resort Nevis
71. The Nam Hai
72. Singita Lebombo Lodge
73. Sandy Lane
74. Blancaneaux
75. Shangri-la's Barr Al Jissah Resort &Spa
76. Amankila
77. The Oberoi Vanyavilas
78. Copacabana Palace
79. Banyan Tree Lijiang
80. Blue Palace Resort & Spa
81. Amanyara
82. The Residence Tunis
83. Shangri-la Penang
84. Crown Towers Macau
85. Suvretta House
86. Penha Longa Hotel and Golf Resort
87. Mandarin Oriental Kuala Lumpur
88. Las Alamandas
89. Le Touessrok
90. Wharekauhau Country Estate
91. Banyan Tree Ringha
92. Villa San Michele
93. Shangri-la Abu Dhabi
94. Shangri-la Singapore
95. Sex Senses Hideaway Ninh Van Bay
96. Raffles Hotel Le Royal
97. Amantaka
98. Palazzo Versace
99. Carlton Cannes
100. K Club

NEWS / IL SUD AFRICA NEL PALLONE

Il Sudafrica nel pallone

E' la **Tre Emme Viaggi** che promuove e vende i biglietti e i pacchetti turistici in occasione della WORLD CUP DI CALCIO IN SUDAFRICA. L'incarico viene direttamente dalla Match e dalla FIFA.

Having a Ball in South Africa
Tre Emme Viaggi is promoting and selling tickets and tourist packets on the occasion of the SOCCER WORLD CUP IN SOUTH AFRICA. This assignment comes directly from the Match and FIFA.

Il sorteggio è stato clemente con l'Italia, che ha evitato nella prima fase le squadre più pericolose, ma soprattutto ha dato la possibilità ai fans e sostenitori degli azzurri di conoscere questo bellissimo Paese nell'estremo sud del Continente Nero senza fare grandi spostamenti.

The drawing was kind to Italy given that the country avoided the most difficult teams in the first phase. However, most of all, it has given fans and supporters of the Azzurri the possibility of getting to know this beautiful country in the extreme south of the Black Continent without having to travel far.

SOPRA: Zebre e ghepardi nei parchi sudafricani. ABOVE: Zebras and leopards in South African parks.

Ecco il calendario delle partite del girone F nel quale è stata sorteggiata l'Italia:

Partita	Data - Ora	Luogo	Paesi
11	14/06 - 20:30	Città del Capo	Italia Vs Paraguay
28	20/06 - 16:00	Nelspruit	Italia Vs Nuova Zelanda
41	24/06 -16:00	Johannesburg	Italia Vs Slovacchia

Here is the calendar for the matches of category F in which Italy is placed:

Match	Date - Time	Place	Countries
11	14/06 - 20:30	Cape Town	Italy vs Paraguay
28	20/06 - 16:00	Nelspruit	Italy vs New Zealand
41	24/06 -16:00	Johannesburg	Italy vs Slovacchia

A SINISTRA E SOTTO: I lodge Singita Sweni e Lebombo.
ON THE LEFT AND BELOW: The lodges Singita Sweni and Lebombo.

La **Tre Emme Viaggi** propone ottime soluzioni di viaggio legate a questi eventi e con soggiorni nelle migliori strutture ricettive, tutte verificate dal proprio personale. Immancabile la sosta a Città del Capo rinomata per l'atmosfera cosmopolita del suo water front, per la famosa Table Mountain, quasi sempre vestita con la leggera nuvola che spesso la circonda. Le escursioni prevedono il Capo di Buona Speranza, i grandi parchi come il Kruger e le foreste primordiali, ristoranti gourmet e degustazione del vino nella vicina Stellenbosch.

Tre Emme Viaggi proposes superb travel solutions linked to these events with accommodations in the best hospitality structures, all verified by their own personnel. Irremissible the stop-off in Cape Town, renowned for the cosmopolitan atmosphere of its waterfront, for its famous Table Mountain, almost always dressed in a light surrounding cloud. The excursions include the Cape of Good Hope, the great parks such as Kruger and the primordial forest, gourmet restaurants and wine tasting in the nearby Stellenbosch.

*The absolute priority of **Tre Emme Viaggi** is to develop visits in harmony with the matches, with the aim of rendering the Soccer World Cup an unforgettable trip.*

Tre Emme Viaggi
Tel : +39 06 56337032 - Fax : +39 06 5692372
www.treemmeviaggi.com

DRESS CODE / OROLOGI

Alta orologeria

Movimenti finissimi e casse ultrapiatte, complicazioni affascinanti e serie limitate a pochi pezzi.

Haute Horlogerie. Extremely fine movements and ultraflat speakers, fascinating complications and inexpensive limited series.

1

Jarvis Macchi (LuxRevolution.com)

2

3

4

L'alta orologeria torna puntuale a inizio anno con il Sihh e Time Exhibition Genève, due fiere che si svolgono in contemporanea a Ginevra e che svelano in anteprima le novità dell'anno. Un mondo quello delle lancette preziose che ha voglia di ripartire dalla sua storia, mescolando tradizione e innovazione. Non è un caso infatti se l'ultimo nato in casa Vacheron Constantin (3) ricorda uno dei momenti più belli della manifattura, quello degli orologi ultra-piatti, che ha avuto il suo periodo d'oro negli anni 50 e 60.

Il nuovo Historique Ultra-piatto 1955 si ispira proprio a quel periodo e con uno spessore di soli 4,10 mm è infatti oggi l'orologio meccanico a carica manuale attualmente più sottile al mondo.

Sottile e prezioso è anche lo Slim Classique 42 mm di Ralph Lauren (4), un orologio con cassa di soli 5,35 mm e governato da un meccanismo ultrapiatto di 2,1 mm. Particolarità dello Slim Classique è il quadrante impreziosito da due file di 96 diamanti tondi taglio brillante, per un totale di 192 pietre. Le gemme sono incastonate una a una a grain e le due file sono sfalsate a formare una superficie di diamanti praticamente continua.

Complicato e affascinante è anche il nuovo Richard Mille 022 Aérodyne (2), un tourbillon che combina un secondo fuso orario con una struttura esterna in titanio associata all'alluminuro di titanio ortorombico, una lega utilizzata dalla Nasa nella fabbricazione delle ali degli aerei supersonici.

Composto con materiali innovativi e realizzato in una serie limitata di 120 esemplari è invece il nuovo Audemars Piguet Millenary Carbon One (1), un cronografo con dispositivo tourbillon la cui cassa è realizzata in un tipo di carbonio ultraleggero sviluppato in esclusiva per la manifattura svizzera.

Luxury watch-making returns at the beginning of the year with the Sihh and Time Exhibition Genève, two fairs that take place simultaneously in Geneva, previewing this year's novelties. World of precious clock hands desirous of starting over from their history, mixing tradition and innovation. It is not by chance, in fact, if the latest arrival from Vacheron Constantin (3) recalls one of the most beautiful moments of its manufacture, that of the ultra-flat watches, which enjoyed its golden period in the 50s and 60s.

The new Historic Ultra-flat 1955 takes inspiration from that period and with a thickness of only 4.10 mm, today it is the thinnest hand-wound watch in the world.

Thin and precious too is the Slim Classique 42 mm by Ralph Lauren (4), a watch with a case of only 5.35 mm and governed by a ultra-flat mechanism of 2.1 mm. One particular of the Slim Classique is the face enhanced with two rows of 96 brilliant round diamonds, for a total of 192 stones. The gems are set one by one grain-style, and the two rows are staggered to form a surface of practically continuous diamonds.

Fascinating complication is also the new Richard Mille 022 Aérodyne (2), a tourbillon that combines a second time zone with an external titanium structure associated to orthorhombic titanium alluminide, an alloy used by Nasa in the making of the wings of supersonic aircraft.

Composed of innovative materials and realized in a limited series of 120 exemplars is instead the new Audemars Piguet Millenary Carbon One (1), a chronograph with a tourbillion mechanism whose case is realized from a type of ultra-light carbon developed for Swiss manufacture.

DESIGN HOTEL / OSLO, FIRST HOTEL GRIMS GRENKA

Paola Beatrice Eliseba di Girolamo

Accolti da un'atmosfera intima e familiare, che vi avvolgerà con il suo tepore, mettendovi al riparo dal clima di Oslo, sarete così introdotti nella hall del First Hotel Grims Grenka.

Luce naturale e luce artificiale si fondono in un tutt'uno nell'atrio, che costituisce il cuore dell'edificio, una piccola corte intorno alla quale si sviluppa l'intera struttura.

Enveloped by an intimate and familiar atmosphere that will warm you, protecting you from the biting cold of Oslo, you will arrive in the lobby of the First Hotel Grims Grenka.

Natural and artificial light fuse in the atrium, the heart of the edifice, a small courtyard around which the entire structure develops.

Oslo *First Hotel* GRIMS GRENKA

Accolti da un'atmosfera intima e familiare, che vi avvolgerà con il suo tepore, mettendovi al riparo dal clima di Oslo.

Enveloped by an intimate and familiar atmosphere that w142ill warm you, protecting you from the biting cold of

Resorts Magazine >> Spring 2010   27

DESIGN HOTEL / OSLO, FIRST HOTEL GRIMS GRENKA

Giochi di luce e armonie di colori costituiscono il tratto saliente di questo design hotel di lusso in cui stile nordico, accenni moderni e un tocco orientale si mischiano perfettamente e con sapiente equilibrio.

Le camere presentano tre stili differenti: delicate tonalità del verde per l'estate; sfumature del blu e del bianco per l'inverno; intarsi rosso e oro per le junior suites dal fascino tutto orientale.
Tutte sono accomunate dall'eleganza delle linee e degli arredi, dall'attenzione ai dettagli e da un'armoniosa organizzazione degli spazi.
Superfici in legno di quercia. Giochi di specchi. Uso sapiente della luce: rilassante e funzionale allo stesso tempo, in ogni ambiente.

Un perfetto equilibrio tra forma, spazio e luce che contribuirà a creare un'atmosfera di calma, serenità e puro relax, capace di garantire il vostro benessere e soddisfare le vostre esigenze.

Il ristorante propone un'innovativa cucina asiatica fusion con un tocco moderno. Potrete cenare cullati dal rilassante suono dell'acqua che scorre in una vera e propria cascata posta all'ingresso della sala.
Per uno spuntino leggero potrete optare per il bar che punta su bevande e tè biologici, oltre che su stuzzichini classici e ottimo caviale e dove è possibile trascorrere le vostre serate immersi nella vita notturna di Oslo.

Suggestiva è la vista sulla città che si può ammirare dall'elegante terrazza panoramica, luogo ideale per un drink durante le calde giornate estive.

Legno, metallo, mattone a vista e tessuti grezzi. Questi i materiali che "arredano" il First Grims Grenka di Olso. Ne risultano ambienti caldi e confortevoli e che catturano l'attenzione.

Wood, metal, brick and raw fabric. The materials that "furnish" the First Grims Grenka in Oslo. They create a cosy and comfortable atmosphere and capture one's attention.

Plays of light and harmonies of colour constitute the salient feature of the luxury design hotel in whose Nordic style hints of modern and Oriental blend perfectly with masterful equilibrium.

The rooms are in three different styles: delicates tones of green for the summer; nuances of blue and white for the winter; red and gold inlays for the junior suites with total Oriental fascination.
All boast elegant lines and furnishings, pay great attention to detail and have spaces which are harmoniously organized.
Surfaces in oak. Plays of mirrors. Masterful use of light - relaxing and functional at the same time in all the areas.

A perfect equilibrium between form space and light which will contribute to creating an atmosphere of calm, serenity and pure relaxation, able to guarantee your wellbeing and satisfy your demands.

The restaurant proposes an innovative fusion of Asian cuisine with a modern touch. You can dine soothed by the relaxing sound of water running in a veritable cascade at the entrance of the room.
For a light snack you may opt for the bar that focuses on biological beverages and tea besides the classical canapés and superb caviar. This is where it is possible to pass your evening immersed in the night life of Oslo.

Charming the view over the city which can be admired from the elegant panoramic terrace, the ideal place for a drink during hot summer days.

INFO HOTEL

FIRST HOTEL GRIMS GRENKA
Kongens Gate 5
0153 Oslo, Norway

Phone: +47 23107200
www.firsthotels.com

Stanze | Rooms 50 - **Suites** 10
Ville | Villas 0 - **Restaurants** 2
Spa no (massages)
Bambini | Children yes

Catena | Chain First Hotels
Affiliazione | Affiliation
Design Hotels

Attività | Activities
Sightseeing.

Note | Notes
E' l'unico design hotel di Oslo.
It is the only design hotel in Oslo.

Voto	Score	66
Natura	Environment	63
Design	Design	97
Servizio	Service	67
Cucina	Cuisine	78
Salute	Health	72
Spa	Spa	0
Stanze	Rooms	87

Abbonati

riceverai gratis il Top 100

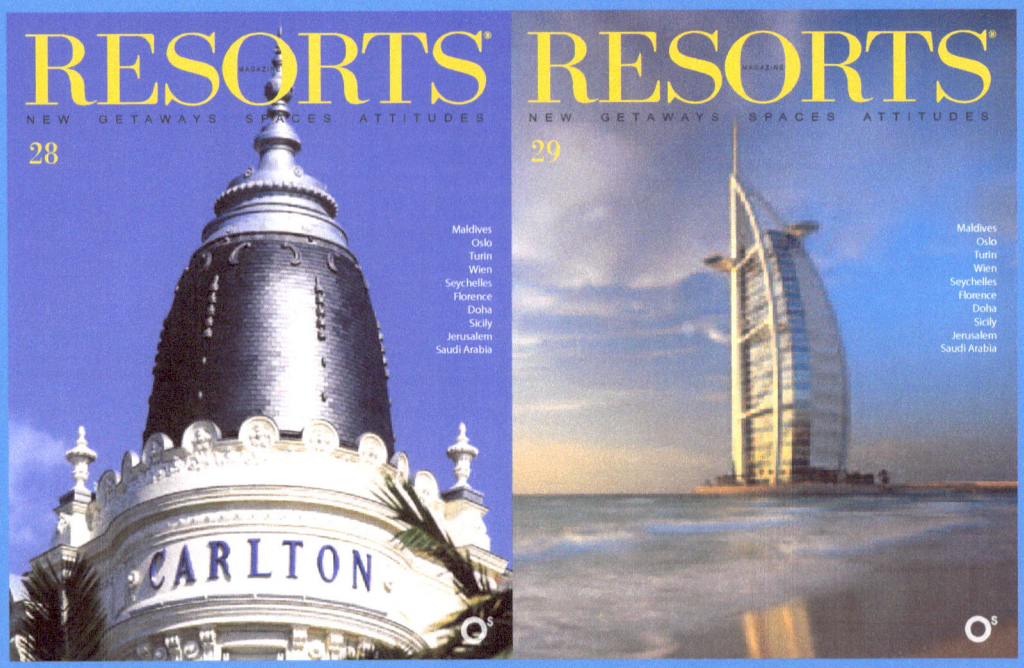

per abbonarsi | to subscribe

www.palidano.com

SUBSCRIBE

and get the Top 100 free

Noi di Resorts Magazine itineriamo tra i luoghi più ameni del pianeta alla ricerca del meglio. Dei migliori resort, city hotel, alberghi coloniali. Senza trascurare i lodge e i campi tendati.
Ci siamo impegnati a ridefinire il concetto di lusso.
Perchè sete, cristalli, Rolls-Royce e Champagne non fanno da soli un top resort.
Ormai natura, design, servizio, benessere e cucina sono valori imprescindibili. E' così rinasce l'eccellenza nell'ospitalità.
Noi di Resorts Magazine l'eccellenza ve la serviamo in 140 pagine da sogno.
In quattro numeri all'anno. Per non sbagliare mai un soggiorno.

4 numeri all'anno 50 euro e in omaggio una copia del Top 100, la nostra directory dei cento migliori resort del mondo.

We at Resorts Magazine travel amid the most pleasant spots on the planet in search of the best. From the best resorts, city hotels, colonial hotels. Without neglecting lodges and tented camps.
We have taken on the task of redefining the concept of luxury.
Silk, crystal, Rolls-Royces and Champagne alone do not make a top resort.
Now nature, design, service, wellbeing and cuisine are indispensible criteria. Thus excellence in hospitality is reborn.
We at Resorts Magazine serve you excellence in 140 fabulous pages. Four issues a year. Avoid ever again making mistakes with holidays.

1 year 4 issues 50 euro and the Top 100 the directory of the world's most beautiful resorts free.

CITY HOTEL / TORINO, PRINCIPI DI PIEMONTE

Paolo Gerbaldo
foto Roberto Patti

C'è una percepibile traccia di continuità e un altrettanto percepibile stacco, forte, con il passato nell'hotel Principi di Piemonte. Fu infatti realizzato, negli anni Trenta del Novecento, dalla famiglia Agnelli in onore di Umberto II di Savoia e della moglie Maria Josè, Principi di Piemonte.

There is a perceptible trace of continuity and a detachment just as perceptible, strong, with the past in Hotel Principi di Piemonte. It was, in fact, realised in the thirties of the nineteen hundreds by the Agnelli family in honour of Umberto II of Savoy and his wife Maria José, Princes of Piedmont.

Torino *Principi di* **PIEMONTE**
un angolo magico in una città magica
a magical corner in a magical city

CITY HOTEL / TORINO, PRINCIPI DI PIEMONTE

Le pulite e slanciate linee del razionalismo architettonico impresse dal suo suggestivo passato, ne caratterizzano così bene, ancor oggi, nel paesaggio urbano torinese, la *skyline:* un profilo facilmente riconoscibile per un luogo di quelli che rimangono nell'anima.

Nella nuova dimensione assunta dallo storico e prestigioso hotel, frutto della profonda ristrutturazione avvenuta per le Olimpiadi invernali del 2006, il *Principi di Piemonte* ha infatti preservato, adeguandole ai tempi, le sue affascinanti atmosfere anni Trenta, testimoniate sia dalla profusione dei marmi, molto *soft* e dall'effetto morbido e avvolgente, che dal grandioso Salone delle Feste. Quest'ultimo, conservato nelle sue forme originarie, è un caleidoscopico concentrato di marmi, lampadari, mosaici, particolari artistici, che si pone come *location* ideale per momenti memorabili. Al fascino della tradizione, si sono però sommati modernità, lusso, tecnologia e funzionalità.

Al *Principi di Piemonte* risultano così fattori costanti l'innovazione, l'impegno per proporre eventi lontani dai canoni abituali, l'attenzione ai dettagli e alla qualità: un insieme di idee geniali trasformatesi in una realtà mai prevedibile, capace di coprire, senza cadute di stile, tutto l'arco delle possibilità che vanno dall'universale fino ai particolari infinitesimali.

La verticalità dell'hotel fa poi sì che la luce regni incontrastata nelle 99 camere, disposte negli ultimi otto piani dell'edificio, al 70% *suite*, spaziose, arredate secondo linee essenziali, senza però tralasciare lusso, comfort e tecnologia. Su tutte domina la *Principessa Maria Josè*, la *Presidential suite*: 140 mq per regalare uno sguardo indimenticabile su Torino e sui suoi significativi edifici storici.

L'emozione dello spazio e della luce. L'emozione dell'accoglienza da parte di uno staff giovane, motivato ed altamente professionale. L'ospitalità al *Principi di Piemonte* è una avventura dei sensi e dello spirito. Una magia da Principi per un insieme di sensazioni autentiche che, per viverle appieno, richiedono un'unica soluzione: assaporarle dedicandogli tutto il tempo necessario.

La vista è ottima da tutte le stanze. Spesso ci si può immergere nella vasca da bagno e osservare la città. La piscina coperta con i suoi mosaici ricorda le terme romane mentre il Salone delle Feste è il salotto buono di Torino.

The view is superb from all rooms. We can often observe the city while immersed in the bathtub. The pool covered with its mosaics recalls the Roman baths, while the Ballroom is the place to be in Turin.

Clean and soaring lines of the architectonic realism imprinted by its impressive past. They characterise it so well – even today – in the urban Turinese skyline: a profile easy to recognise for one of those places that remain in our soul.

In the new dimensions assumed by this historic and prestigious hotel, fruit of the thorough remodelling realised for the 2006 winter Olympics, the Principi di Piemonte has, in fact, preserved - adapting them to the times - its fascinating 30s atmosphere, witnessed to by the profusion of light and enveloping marble and the ballroom as well. The latter, preserved in its original form, is a concentrated kaleidoscope of marble, lights, mosaics, artistic details that proposes itself as an ideal location for memorable moments. To the fascination of the tradition, modernity, luxury, technology and functionality have been added.

At the Principi di Piemonte innovation, the conviction for proposing events far from the traditional rules, the attention for details and quality are constant factors: an ensemble of genial ideas transformed into a never foreseeable reality, capable of covering - without a decline in style - the entire range of possibilities that go from universal to infinitesimal details.

The verticality of the hotel then renders light an uncontested realm in the 99 rooms, positioned on the last eight floors of the edifice, 70% of which are suites, spacious and furnished following essential lines without neglecting luxury comfort and technology. Over all of them dominates The Principessa Maria José, the presidential suite: 140 sq m to present an unforgettable view of Turin and its significant historical buildings.

The emotion of the space and light. The emotional welcome by a young, motivated, and highly professional staff. Hospitality at the Principi di Piemonte is an adventure for the senses and spirit. A princely magic for an ensemble of authentic emotions which, to be lived fully, require a unique solution: experience them, dedicating to them all the time needed.

INFO HOTEL

PRINCIPI DI PIEMONTE
via Gobetti 15
10123 TORINO, Italy

Phone: +39 01155151
www.atahotels.it

Stanze | **Rooms** 99 - **Suites** 70
Ville | **Villas** 0 - **Restaurants** 1
Spa si
Bambini | **Children** yes

Catena | **Chain** Ata Hotels
Affiliazione | **Affiliation**

Attività | **Activities**
Sightseeing.

Note | **Notes**
Hotel storico.
Historic hotel.

Voto	Score	67
Natura	Environment	55
Design	Design	78
Servizio	Service	68
Cucina	Cuisine	60
Salute	Health	65
Spa	Spa	63
Stanze	Rooms	80

Resorts Magazine >> *Spring 2010*

GOURMET HOTEL / VIENNA, GRAND HOTEL WIEN

Paolo Gerbaldo

Il leggendario Grand Hotel Wien avvolge di cultura e stimoli sensoriali i suoi ospiti. La dimensione storica dell'edificio e i suoi servizi moderni si combinano per dare a Vienna una struttura prestigiosa. Aperto il 10 maggio 1870, il Grand Hotel, completamente rinnovato, è parte, dal 2002, della JJW Hotels & Resorts.

The legendary Grand Hotel Wien envelops its guests with culture and sensorial stimuli. The historic dimensions of the edifice and its modern services combine to give Vienna a prestigious structure. Opened 10 May 1870, the completely renovated Grand Hotel has been part of JJW Hotels & Resorts since 2002.

Vienna *Grand Hotel*
WIEN

Il leggendario Grand Hotel Wien avvolge di cultura e stimoli sensoriali i suoi ospiti.

The legendary Grand Hotel Wien envelops its guests with culture and sensorial stimuli.

GOURMET HOTEL / VIENNA, GRAND HOTEL WIEN

Le 175 camere e le 30 suite garantiscono agli ospiti la possibilità di un soggiorno in un ambiente lussuoso in stile Belle Epoque. I 220 metri quadri della Presidential Suite assicurano tranquillità e comfort. La location dell'Hotel è ideale per lanciarsi alla scoperta di Vienna.

Una città da ammirare però anche dall'alto. Al settimo piano del Grand Hotel per la precisione. La vista di Vienna assume qui un sapore speciale. Essa può infatti essere fruita assieme ad una, duplice, seducente, offerta gastronomica.

Un angolo intimo è il gourmet Restaurant Le Ciel. Delicate combinazioni di sapori inondano gli eleganti tavoli. La creatività della cucina viennese e francese permette di gustare una deliziosa varietà di piatti che soddisfano anche i palati più esigenti.

Un angolo d'Oriente è invece il ristorante giapponese Unkai. Ambienti che sono un trionfo di luci e forme per ricreare, con eleganza controllata, le atmosfere adeguate a partire dalle Tatami Rooms. Un contesto ideale per accogliere l'arte multiforme della cucina giapponese: sushi, sashimi e teppanyaki.

Vi costerà uno sforzo notevole allontanarvi da questo angolo di grande richiamo sia per gli ospiti dell'Hotel che per gli amanti dell'ottima cucina. Per entrambi al Grand Hotel Wien non c'è infatti che l'imbarazzo della scelta. Qualunque essa sia sarà sempre di alta qualità.

Apparecchiature d'altri tempi accolgono gli ospiti de Le Ciel. Del resto tutto l'hotel è permeato di atmosfera fin de siécle. I piatti si ispirano alla tradizione viennese ma tradiscono una spiccata influenza francese.

Old-fashioned settings welcome the guests of Le Ciel. The hotel is permeated by a fin-de-siécle atmosphere. The dishes take their inspiration from the Viennese tradition but betray a conspicuous French touch.

The 175 rooms and the 30 suites guarantee guests a stay in a luxurious ambience in Belle Époque style. The 220 square metres of the Presidential Suite ensure tranquility and comfort. The location of the Hotel is ideal as a departure point for the discovery of Vienna.

A city to admire also from above. From the seventh floor of the Grand Hotel to be precise. The view of Vienna here assumes a special flavour. It may, in fact, be enjoyed along with a double seductive gastronomic offering. The intimate corner is the gourmet restaurant Le Ciel. Delicate combinations of flavour inundate the elegant tables. The creativity of Viennese and French cuisine permits the tasting of a delicious variety of dishes which satisfy even the most demanding palates.

The Oriental corner is, instead, the Japanese restaurant Unkai. An ambience which is the triumph of light and forms to recreate, with controlled elegance, the adequate atmosphere starting with the Tatami Rooms. An ideal context in which to welcome the multi-forms of Japanese cuisine: sushi, sashimi and teppanyaki.

It will be very difficult for hotel guests of the Hotel and lovers of the superb cuisine alike to leave this corner of great attraction. For both at the Grand Hotel Wien making choices is arduous. However, whatever their choices may be, they will be of high quality.

INFO HOTEL

GRAND HOTEL WIEN
Kaerntner Ring 9
A-1010, Vienna, Austria

Phone: +43 (0)1515800
www.grandhotelwien.com

Stanze | Rooms 205 - **Suites** 10
Ville | Villas 0 - **Restaurants** 4
Spa no (Fitness Centre)
Bambini | Children yes

Catena | Chain JJW Hotels & Resorts
Affiliazione | Affiliation LHW

Attività | Activities
Sightseeing.

Note | Notes
Hotel storico.
Historic hotel.

Voto	Score	61
Natura	Environment	57
Design	Design	80
Servizio	Service	75
Cucina	Cuisine	91
Salute	Health	54
Spa	Spa	0
Stanze	Rooms	70

Lawrence Taylor

A Frégate Island Private è stato piantato il 100.000esimo albero. Questo straordinario fazzoletto di terra incastonato nelle acque turchesi dell'Oceano Indiano è una delle isole private più belle e uniche al mondo e continua a perseguire la sua filosofia ecologica anche attraverso l'attività di riforestazione.

Frégate Island has witnessed the planting of its 100,000th tree. This extraordinary strip of land, situated in the turquoise waters of the Indian Ocean, is one of the most beautiful private islands in the world and continues to pursue its ecological philosophy even through the activity of reforestation.

Frégate Island
PRIVATE

Una delle isole private più belle e uniche al mondo incastonata nelle acque turchesi dell'Oceano Indiano.

One of the most beautiful private islands in the world situated in the turquoise waters of the Indian Ocean.

ECO RESORT / FRÉGATE ISLAND PRIVATE

La natura particolarmente generosa e avvolgente non poteva che essere rispettata con un approccio integrale all'insegna dell'eco-sostenibiiltà. Per questo anche le ville, da 300 a 500 metri quadri, sono perfettamente inserite nell'ambiente, con spazi per osservare la natura da qualsiasi angolazione. Le grandi vetrate si affacciano sull'immenso scenario oceanico, le piscine private a sfioro, con idromassaggio, danno la sensazione di essere sospesi tra cielo e mare.

Ogni villa dispone di una propria Island Buggy, a energia solare naturalmente, unico mezzo di trasporto presente sull'isola. A Frégate si usa sempre meno gasolio sostituito dall'olio di cocco e da quello di frittura che viene così riciclato.

Ecologico ma anche esclusivo. Il maggiordomo personale è sempre a disposizione e poi, ultima novità, il *dine anytime, anywhere*, la possibilità di vedersi servire il pasto quando e dove si vuole. Ma proprio dappertutto. Anche nella foresta di cocchi, sotto un gazebo in spiaggia o … su un banyan tree di 17 metri!

> Piscine ovunque a Frégate Island Private. E di fronte un mare di un blu cristallino come è sempre più raro vedere. Si può farsi servire i pasti ovunque. Anche nella giungla dell'interno. E così è anche per i trattamenti della spa.
>
> Pools everywhere on Frégate Island Private. And out front a crystalline sea that is hard to find today. One can have a meal anywhere. Even in the surrounding jungle. The same can be said of spa treatments.

The very generous and enveloping greenery just had to be respected following a total approach in the name of eco-sustainability. Hence even the villas, from 300 to 500 square metres, are perfectly inserted in the environment, with spaces to observe nature from every perspective. The grand windows look out onto the immense ocean view; the private infinity pools - with hydro-massage - give the sensation of being suspended between the sky and sea.

Each villa is equipped with its own Island Buggy - fueled by solar Energy, of course - the only transportation present on the island. Less and less gasoline is used on Frégate substituted by coconut oil and frying oil, which is then re-cycled.

Ecological but also exclusive. The personal butler is always available and then, the newest addition: dine anytime, anywhere, the possibility of having a meal when and where one desires. Anywhere. Even in the coconut forest, in a gazebo on the beach or….up in a 17-metre banyan tree!

INFO HOTEL

FREGATE ISLAND PRIVATE
P.O. Box 330
Victoria, Mahé, Seychelles

Phone: +248 670 100
www.fregate.com

Stanze | **Rooms** 0 - **Suites** 0
Ville | **Villas** 16 - **Restaurants** 2
Spa yes
Bambini | **Children** yes

Catena | **Chain**
Affiliazione | **Affiliation**
SLH, Virtuoso

Attività | **Activities**
Bike, jogging, birdwatching, water sports, fishing.

Note | **Notes**
Isola privata.
Private island.

Voto	Score	86
Natura	Environment	100
Design	Design	90
Servizio	Service	71
Cucina	Cuisine	75
Salute	Health	89
Spa	Spa	83
Stanze	Rooms	93

SKY SUITES / CATHAY PACIFIC

Lawrence Taylor

Cathay ha completato l'introduzione delle nuove configurazioni sui suoi aerei. La nuova First Class è una vera e propria "Suite dei cieli" a 5 stelle: progettata e creata con un'attenzione maniacale ai dettagli e alla privacy del passeggero. E il servizio è quello tradizionalmente cordiale e attento cui l'Oriente ci ha abituato, e spesso stupito.

Cathay has completed the introduction of the new configurations on their airplanes. The new First Class is a veritable "5-Star Suite in the skies": designed and created with maniacal attention to detail and passenger privacy. And the service is the traditional cordiality and attention to which the Orient has accustomed – and often dumbfounded – us.

Sky Suites
CATHAY PACIFIC

La nuova First Class è una vera e propria "Suite dei cieli" a 5 stelle

The new First Class is a veritable "5-Star Suite in the skies"

SKY SUITES / CATHAY PACIFIC

In volo, mentre si è svegli, ci si può rilassare in una postazione tra le più comode disponibili. Si possono gustare pasti di qualità, godersi la ricca varietà dell'intrattenimento di bordo, sia video che audio, il tutto avvolti da un'illuminazione che varia in funzione della notte e del giorno concepita per migliorare l'esperienza di volo.

La poltrona di Prima Classe offre un'ampiezza di seduta di 56 cm e una larghezza di 63 cm. Il divanetto anteriore può ospitare un secondo passeggero e permettere di conversare gradevolmente o cenare in compagnia. La poltrona può anche essere reclinata di 180 gradi trasformandosi in un letto perfettamente orizzontale di ben 206 cm. In tutte le cabine di Prima Classe è anche installato un televisore da 17 pollici completamente regolabile che consente una visione perfetta da ogni angolatura. Sono in dotazione cuffie a riduzione del rumore ambientale. I programmi sono in nove lingue diverse.

Il menu? Una gamma superba di piatti asiatici e internazionali tutti preparati direttamente a bordo, nell'avanguardistica cucina attrezzata con recipienti per cuocere il riso, tostapane, forni a vapore. Tutti i piatti vengono cucinati su ordinazione, i passeggeri possono scegliere cosa mangiare e anche quando mangiare. E possono anche concludere con un espresso o un cappuccino.

A terra sono a disposizione banchi per check-in dedicati e lounge. A Hong Kong sono The Wing e la nuova The Pier. Quest'ultima ha sei stanze per riposo e altre con docce. Molto curato il cibo così come i cocktail di The Short Bar. Infine The Arrival, la lounge per rinfrescarsi e uno spuntino appena atterrati a Hong Kong.

E' lo spazio che colpisce. Più che un sedile sembra un sofà. Più che un posto passeggero è una suite con spazio anche per l'ospite. Pochi posti per alcuni privilegiati, questa è la nuova First Class di Cathay Pacific.

It's the space that is striking. More than a chair it seems a sofa. More than a passenger seat it is a suite with enough space for a guest. Few spaces for the privileged, this is the new First Class on Cathay Pacific.

In flight, while awake, we can relax in one of the most comfortable places available anywhere. We can enjoy quality meals and a vast variety of onboard entertainment, both video and audio. Conceived to improve the in-flight experience, the illumination that envelops passengers varies with day and night.

The First-Class seat offers a seating width of 56 cm with a length of 63 cm. The small anterior sofa provides space for a second passenger and permits pleasant conversation or dining company. This seat can also recline 180° transforming into a perfectly horizontal bed of a good 206 cm. In all First-Class cabins is installed a completely adjustable 17-inch TV which permits perfect viewing from all angles. Anti-noise headphones are offered to reduce ambient noise. Programs are in nine different languages.

The menu is a range of superb Asian and International dishes all prepared onboard in the avant-garde kitchen equipped with a rice-cooker, toaster, steam oven. All dishes are prepared to order, and passengers can choose what and when to eat. They can also conclude with an espresso or cappuccino.

In the airport reserved check-in and lounges are available. In Hong Kong these are The Wing and the new The Pier. The latter has six relaxation rooms and others with showers. Great attention to the food as with the cocktails in The Short Bar. Finally upon arrival in Honk Kong, a lounge where one can freshen up and have a snack.

www.cathaypacific.com

Resorts Magazine >> *Spring 2010*   47

INTERVIEW / PATRIZIO CIPOLLINI - FOUR SEASONS HOTEL FIRENZE

Ovidio Guaita

Ancora si racconta di quando a Ismail Pasha, vicerè d'Egitto, venne proibito di trasferire nel palazzo della Gherardesca il suo harem. Del resto questa gemma del Rinascimento fiorentino era stata la dimora del cardinale Alessandro de' Medici arcivescovo di Firenze successivamente papa con il nome di Leone XI.

One still speaks of when Ismail Pasha, viceroy of Egypt, was prohibited from moving his harem into the Gherardesca Palace. After all, this gem from the Florentine Renaissance had been the abode of Cardinal Alessandro de' Medici, archbishop of Florence, and later pope under the name of Leone XI.

Firenze *Patrizio Cipollini*

General Manager

FOUR SEASONS HOTEL FIRENZE

INTERVIEW / PATRIZIO CIPOLLINI - FOUR SEASONS HOTEL FIRENZE

Conseguentemente fu lasciata in eredità alla sorella Costanza, la quale andò in sposa al Conte Ugolino della Gherardesca. Rimase così la proprietà alla famiglia dei Conti della Gherardesca per oltre 300 anni.

La storia di questo complesso è quindi ricca di presenze e passaggi che hanno arricchito le sue mura conferendogli un fascino che il recente restauro ha sapientemente valorizzato. Le 116 stanze e suite sono ricavate in parte nel palazzo papale e in parte nell'ex Convento delle Suore di Santa Maria Riparatrice, cinquecentesco, oggi denominato Conventino.

It then passed to his sister, Costanza, wife of Ugo della Gherardesca. It thus remained the property of the Conti della Gherardesca Family for more than 300 years.

The history of this complex is thus rich in presences and passages that have enriched its walls, conferring on it a fascination that the recent remodelling has beautifully brought back to full splendour. The 116 rooms and suites are made in part from the papal palace and in part from the ex-fifteenth-century Convent of the Sisters of Santa Maria Riparatrice, today called Conventino.

Incontriamo il direttore, Patrizio Cipollini.

We meet the General Manager, Patrizio Cipollini.

Il Four Seasons fiorentino è un city hotel o un resort?
Ha tutte le caratteristiche per essere considerato un Urban Resort grazie al suo monumentale parco di circa 5 ettari nel cuore della città (il giardino privato piu' grande di Firenze) oltre alla magnifica Spa, piscina, terrazze e ristoranti all'aperto.

Is the Florentine Four Seasons a city hotel or a resort?
It has all the characteristics to be considered an Urban Resort thanks to its 5-hectre monumental park in the city centre (the largest private park in Florence), besides its magnificent Spa, pool, terraces and outdoor restaurants.

Come si posiziona tra le proprietà della catena?
Non risulta esserci al momento all'interno della nostra Compagnia un albergo con queste caratteristiche a renderlo, a detta dei nostri, uno dei piu' prestigiosi, se non l'unico.

Where does it stand among the properties of the chain?
At the moment there does not seem to be a hotel in our company with these characteristics that make it - in our opinion - one of the most prestigious, if not the only one.

Le suite dell'edificio principale sono le più ambite (oltre che le più care). Affreschi, mobili d'epoca, spazi inusitati per i nostri tempi. Una esperienza di lusso antico abbinata a un servizio senza confronti.

The suites in the main building are the most sought after (besides the most expensive). Frescoes, epoch furniture, unusual spaces for our times. An experience of yesteryear luxury combined with unparalleled service.

Quali sono state le sfide maggiori nel trasformare la residenza di un cardinale in una struttura ricettiva con un nome così importante?
La sfida maggiore è stata quella di mantenere e valorizzare delle strutture cosi' antiche, cariche di storia e di arte e trasformarle in dimore con tutti i comfort moderni per incontrare le esigenze della piu' sofisticata clientela. Ben 7 anni di lavori di ristrutturazione ci sono voluti per consegnare alla nostra città di Firenze un gioiello tenuto nascosto per ben 5 secoli.
Tutto ciò è stato reso possibile dal sapiente lavoro di ristrutturazione, unito alla speciale collaborazione della Sovrintendenza di Firenze, cha da subito ha creduto in questo progetto di trasformare il Palazzo della Gherardesca ed il Conventino

What were the biggest challenges in transforming the residence of a cardinal into a hospitality structure with a name so important?
The most arduous challenge was maintaining and enhancing structures so old, rich in history and art, and transforming them into an abode with all the modern comforts to meet the demands of the most sophisticated clients. A good 7 years were necessary to deliver to our city of Florence this jewel kept hidden for 5 centuries. All of that was possible with the attentive restructuring, combined with the special collaboration of the Monuments and Fine Arts Office of Florence,

Patrizio Cipollini, lucchese, dopo essersi diplomato all'istituto alberghiero di Marina di Massa, ha intrapreso la carriera di chef itinerando tra l'Italia (soprattutto nelle proprietà della CIGA in Sardegna) e la Svizzera. Dal 1993 è stato hotel manager dal Four Seasons Hotel di Milano.

Patrizio Cipollini, native of Lucca, after having graduated from the Istituto Alberghiero di Marina di Massa, undertook the career of chef travelling between Italy (above all in the properties of CIGA in Sardinia) and Switzerland. From 1993 he was the hotel manager for the Four Seasons Milan

INTERVIEW / PATRIZIO CIPOLLINI - FOUR SEASONS HOTEL FIRENZE

nell'attuale Four Seasons Hotel Firenze.

Quali sono a suo avviso i punti di forza dell'albergo?
Un'oasi di pace e tranquillità nel cuore di Firenze, ideale per un lungo soggiorno con servizi di alto livello che contraddistinguono il marchio Four Seasons Hotels&Resorts.
La nostra filosofia è: "il vero lusso è il servizio".

C'è un episodio, un aneddoto, un fatto, una visita che vorrebbe raccontare ai lettori di Resorts Magazine?
La prima visita del Principe Al Waleed rimarrà senza dubbio nella storia del nostro albergo.
Il Principe (detentore del 45% delle quote di FSHotels&Resorts) espresse il desiderio di incontrare sia i proprietari del nostro Four Seasons, i fratelli Corrado e Marcello Fratini, sia il giovane Sindaco Renzi.
Con i primi si è complimentato per aver dato alla Compagnia una proprietà di eccezionale bellezza; con il Sindaco, per l'accoglienza ricevuta a Firenze e per la possibilità avuta di scoprire la città in sella alla sua bicicletta, con la sua corte al seguito.

Cosa non le è riuscito di fare per rendere questo hotel ancora migliore?
Forse un parcheggio ed una piscina coperti, ma non indispensabili. In ogni caso, tante sono e saranno sempre le cose da fare ora come nel futuro, per essere sempre innovativi ed all'altezza di incontrare le esigenze delle attuali e future generazioni che mutano velocemente. E ci arriveremo gradualmente. L'albergo, che ha 18 mesi di vita, ha comunque potuto contare fino ad ora su risposte eccellenti da parte della clientela.

which immediately believed in the project to transform Palazzo della Gherardesca and the Conventino into the present Four Seasons Hotel Florence.

In your opinion, what are the strong points of the hotel?
An oasis of tranquility in the heart of Florence, ideal for a long holiday with exclusive services that distinguish the Four Seasons Hotel & Resorts brand. Our philosophy is: real luxury is service.

Is there an episode, an anecdote, a fact, a visit that you would like to relate to the readers of Resorts Magazine?
The first visit of prince Al Waleed will surely remain in the history of our hotel.
The Prince, (shareholder of 45 % of the stocks of FSHotels&Resorts), expressed the desire to meet both the owners of our Four Seasons - the brothers Corrado and Marcello Frattini - and young mayor Renzi. He complimented the first for having given the Company a property of such exceptional beauty; and the mayor, for his welcome to Florence and for the possibility of having discovered the city on bicycle with this court right behind.

What weren't you able to do to make this hotel even better?
Perhaps a parking area and a covered pool, but they are not indispensable. Anyway, there are and will be many things to do now and in the future to always be innovative and up to meeting the demands of the presents and future generations that change fast.

> Il grande parco fa del Four Seasons Hotel Firenze un resort urbano a pochi passi da piazza del Duomo. Ovunque sono bassorilievi, pietra serena e reminiscenze dell'originaria dimora signorile.
>
> The grand park makes the Four Seasons Hotel Firenze an urban resort only a few steps from the Duomo. Everywhere there are bas-reliefs, gray sandstone and memories of the original lordly abode.

INFO HOTEL

FOUR SEASONS HOTEL FIRENZE
Borgo Pinti, 99
50121 Firenze, Italy

Phone: +39 05526261
www.fourseasons.com/firenze

Stanze | Rooms 94 - **Suites** 24
Ville | Villas 16 - **Restaurants** 3
Spa yes
Bambini | Children yes

Catena | Chain Four Seasons
Affiliazione | Affiliation

Attività | Activities
Sightseeing.

Note | Notes
Edificio storico nobiliare.
Historic dwelling.

Voto	Score	84
Natura	Environment	80
Design	Design	85
Servizio	Service	90
Cucina	Cuisine	85
Salute	Health	90
Spa	Spa	70
Stanze	Rooms	80

Resorts Magazine >> Spring 2010

La sabbia è bianca e fine come cipria e il mare è azzurro. Come in altri posti? Certo che no, la sabbia è corallina e non scotta neanche a mezzogiorno e poi il mare è un vero e proprio acquario.

The sand is white and fine like face powder and the sea is sky-blue. As in other places? Of course not, the sand is coralline and does not burn even at noon and then the sea is a veritable aquarium.

Dream Atolls

edited by Lawrence Taylor

atolli da sogno

SPECIALE MALDIVE / DREAM ATOLLS

La sabbia è bianca e fine come cipria e il mare è azzurro. Come in altri posti? Certo che no, la sabbia è corallina e non scotta neanche a mezzogiorno e poi il mare è un vero e proprio acquario. Mille, forse duemila isole (le più piccole appaiono e scompaiono con le maree) in maggioranza disabitate. I nativi pare provengano dall'India del sud e dallo Sri Lanka, quando Vasco de Gama nel 1498 mise piede primo tra gli europei nell'arcipelago ce li trovò.

Vasco de Gama era stato anticipato da Persiani, Arabi e Cinesi, le Maldive addirittura compaiono nelle mappe di Tolomeo del II sec. d.C. Prima sultanato poi nel 1965 repubblica, le Maldive oggi vivono del turismo che ne ha fatto una delle sue mete preferite.

The sand is white and fine like face powder and the sea is sky-blue. As in other places? Of course not, the sand is coralline and does not burn even at noon and then the sea is a veritable aquarium. A thousand, maybe two thousand islands (the smallest disappear and reappear with the tide), mostly uninhabited. The natives seem to be from southern India and Sri Lanka.

When Vasco Da Gama in 1498 became the first European to set foot here, the Persians, Arabs, Chinese had all been there long before him. The Maldives, actually, appear on the maps of Ptolomy in the II century A.D.. First a sultanate then in 1965 a republic, today the Maldives live off international tourism, which has made the archipelago one of its favourite destinations.

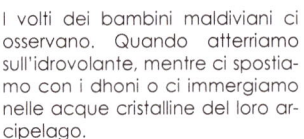

I volti dei bambini maldiviani ci osservano. Quando atterriamo sull'idrovolante, mentre ci spostiamo con i dhoni o ci immergiamo nelle acque cristalline del loro arcipelago.

The faces of the Maldivian children observe us. As our seaplane lands, while we move around on dhonis or dive in the crystalline waters of their archipelago.

SPECIALE MALDIVE / ONE&ONLY REETHI RAH

One&Only Reethi Rah

spazio, spazio e ancora spazio
space, space and more space

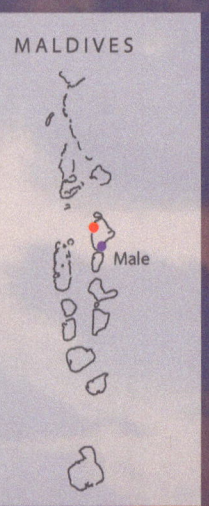

12 chilometri di costa, 12 spiagge, 40 piscine.
Sono solo alcuni dei numeri di questo recentissimo resort che ha fissato uno standard nuovo per le Maldive.

12 kilometres of coast, 12 beaches, 40 pools.
These are only a few of the numbers of this very recent resort that have fixed a new standard for the Maldives.

Ovidio Guaita

SPECIALE MALDIVE / ONE&ONLY REETHI RAH

Ogni villa ha la vasca che si affaccia sulla spiaggia.
Each villa has a bathtub overlooking the beach.

La terrazza del bar. | The bar terrace.

La natura "manicured" è seguita da uno stuolo di 80 giardinieri che costantemente pettinano la sabbia.

Al di là della mera matematica il O&O Reethi Rah è il resort più spazioso dell'arcipelago. Un'isola grande, grandi ville e tantissimo spazio tra l'una e l'altra. Questa è una sorta di isola giardino, dove la natura "manicured" è seguita da uno stuolo di 80 giardinieri che costantemente pettinano la sabbia. Le biciclette messe a disposizione degli ospiti permettono di scorrazzare su è giù come ragazzini.

Beyond mere mathematics, the O&O Reethi Rah is the most spacious resort in the archipelago. A large island, large villas and so much space between them. This is a sort of garden island, where natures is "manicured" and cared for by a crew of 80 gardeners who constantly comb the sand. The bicycles at the guests' disposal permit them to run to and fro like kids. At the airport a veritable yacht awaits the guests.

La grande piscina di fronte alla villa | The swiming pool in front a Pool Villa.

A DESTRA: Il padiglione per le lezioni mattutine di yoga e altre discipline.
ON THE RIGHT: The pavilion for morning yoga lessons and other disciplines.

L'atollo dall'aereo. | The atoll from the plane.

> *Natures is "manicured" and cared for by a crew of 80 gardeners who constantly comb the sand.*

L'ingresso della Espa. | The Espa entrance.

Resorts Magazine >> *Spring 2010*   63

SPECIALE MALDIVE / ONE&ONLY REETHI RAH

La piscina di fronte al bar. | The pool in front of the bar.

I materiali sono di pregio. Tanto legno, pietra e ottimi tessuti. Wi-Fi ovunque, anche in spiaggia.

The materials are of quality. So much wood, stone and superb fabrics. Ubiquitous Wi-Fi, even on the beach.

La zona bagno all'interno della villa. | Villa bath area.

64 Resorts Magazine >> Spring 2010

Notturno di villa con piscina. | Night view of a Pool Villa.

L'interno della villa. | Villa interior.

All'aeroporto un vero yacht attende gli ospiti, così che il trasferimento è praticamente una lussuosa escursione. Il transito alla reception è velocissimo, giusto il tempo di un saluto con l'addetta alla PR Akino e quasi non ci si accorge delle immani colonne monolitiche di legno intagliato. Così ci si ritrova in villa dove Niyas, il nostro villa host (versione locale del maggiordomo), ci fa un pediluvio con rapido massaggio. Le ville sono disposte parallelamente al mare così che soggiorno, camera e bagno si affacciano sulla spiaggia. I materiali sono di pregio. Tanto legno, pietra e ottimi tessuti. Wi-Fi ovunque, anche in spiaggia.

Hence the transfer is practically a luxurious excursion. The transit to the reception is extremely fast - just enough time to greet the PR officer, but we almost miss sight of the immense monolithic carved wooden columns. Soon we are in our villa where our villa host, local version of a butler, gives us a comforting foot massage. The villas are parallel to the ocean hence the sitting room, bedroom and bathroom all overlook the beach. The materials are of quality. So much wood, stone and superb fabrics. Ubiquitous Wi-Fi, even on the beach.
The beach. How could we forget the most beautiful Maldivian

La terrazza delle water villa. | Water villa terrace.

Resorts Magazine >> *Spring 2010* 65

SPECIALE MALDIVE / ONE&ONLY REETHI RAH

Un padiglione per i trattamenti della Espa.
A pavilion for treatments at the Espa.

Romantico relax al tramonto. | Romantic relax at sunset.

La spiaggia. Come non ricordare le più belle spiagge maldiviane. Ampie, perfettamente tenute. Assolutamente deserte, tanto che calpestarne la sabbia fine come cipria, assolutamente immacolata e intonsa pare di assaporare un frutto proibito. È una strana sensazione di liberà e allo stesso tempo di solitudine. Lo staff è invisibile e gli ospiti compaiono in spiaggia solo al tramonto.

L'Espa dell'isola è un evento. La hall è di sicuro impatto. Grandi soffitti, luci soffuse, effluvi di oli essenziali e un personale attento e discreto. I padiglioni per i trattamenti sono dislocati nel verde del giardino e si affacciano sulla spiaggia. Qui vengono studiati trattamenti ayurvedici personalizzati, programmi olistici che comprendono menu personalizzati e tabelle fitness e ritual. La palestra dispone di moderne macchine Technogym, comprese le innovative Kinesis.

Il O&O Reethi Rah offre spazi di qualità e dimensioni ineguagliate alle Maldive. Le spiagge indimenticabili e la sua Espa ne fanno un must.

beaches. Spacious, perfectly kept. Absolutely deserted, so much so that walking on their powder-fine sand – immaculate and undisturbed – is like tasting forbidden fruit. It is a strange sensation of freedom and, at the same time, solitude. The staff is invisible and the guests appear on them only at sunset.

The Espa of the resort is an event. The lobby is of sure impact. High ceilings, soft lights, the fragrance of essential oils and an attentive and discreet staff. The pavilions for the treatments are situated in the vegetation of the garden and look on to the beach. Here personalised ayurvedic treatments are prepared, as are holistic programs that include a personalised menu and fitness charts and rituals. The gym boasts modern Technogym equipment and the innovative Kinesis machine.

The O&O Reethi Rah offers quality, space and unparalleled dimensions in the Maldives. Its unforgettable beaches and Espa make it a must.

Ogni villa ha un'ampia spiaggia privata. | Ogni villa ha un'ampia spiaggia privata

Spiagge assolutamente deserte, tanto che calpestarne la sabbia fine come cipria, pare di assaporare un frutto proibito.

Absolutely deserted beaches, so much so that walking on their powder-fine sand – immaculate and undisturbed – is like tasting forbidden fruit.

L'area soggiorno della villa. | The villa living room.

Angoli romantici per un cocktail al tramonto. | Romantic corner for a sunset cocktail.

A FIANCO: L'arrivo al ristorante per la cena. Sempre elegante.
ON THE RIGHT: Arrival at the restaurant for dinner. Always elegant.

INFO HOTEL

ONE&ONLY REETHI RAH
Noth Malé Atoll
Maldives

Phone: +960 6648800
www.oneandonlyresorts.com

Stanze | Rooms 0 - **Suites** 0
Ville | Villas 130 - **Restaurants** 3
Spa Espa
Bambini | Children yes

Catena | Chain One&Only
Affiliazione | Affiliation

Attività | Activities
Bike, jogging, tennis, water sport, diving.

Note | Notes
Top resorts worldwide 2010.

Voto	Score	100
Natura	Environment	100
Design	Design	100
Servizio	Service	98
Cucina	Cuisine	99
Salute	Health	100
Spa	Spa	100
Stanze	Rooms	100

SPECIALE MALDIVE / FOUR SEASONS RESORT MALDIVES AT KUDA HURAA

Four Seasons Resort Maldives at Kuda Huraa

una sottile striscia di sabbia
a little strip of sand

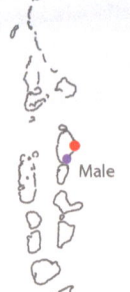

"avrei voluto possedere quell'isola per farne il mio rifugio in attesa che l'ora inevitabile mi raggiungesse ..."

"I would like to have owned that island to make it my refuge while awaiting the inevitable hour…"

SPECIALE MALDIVE / FOUR SEASONS RESORT MALDIVES AT KUDA HURAA

La stanza vista dalla piscina di una Beach Villa
The room seen from the pool of a Beach Villa

La piscina delle Beach Villa. | The pool of the beach Villa.

"Viaggiare ti lascia senza parole e poi ti trasforma in narratore" Ibn Battuta

Ibn Batuta, celebrato viaggiatore arabo del XIV secolo, visitando gli atolli maldiviani rimase incantato e scrisse "avrei voluto possedere quell'isola per farne il mio rifugio in attesa che l'ora inevitabile mi raggiungesse … Viaggiare ti lascia senza parole e poi ti trasforma in un narratore".

Ibn Batuta, famous Arab traveller from the 14th century, visiting the Maldivian atolls was enchanted and wrote "I would like to have possessed that island as my refuge while awaiting the inevitable hour to overtake me… Travelling leaves you speechless and then turns you into a narrator".
At the airport, the concierge of the Four Seasons - agile

Tanta è la privacy che l'isola offre, anche sulla spiaggia. | The villa offers so much privacy, even on the beach.

A DESTRA: L'ingresso al padiglione dei ristoranti.
ON THE RIGHT: The entrance to the pavilion of the restaurants.

L'atollo dall'aereo. | The atoll from the plane.

"Travelling leaves you speechless and turn you into a narrator" Ibn Battuta

Una Water Villa. | A Water Villa.

SPECIALE MALDIVE / FOUR SEASONS RESORT MALDIVES AT KUDA HURAA

Vista sul mare dai tavoli del ristorante indiano. | Sea view from the tables of the Indian restaurant.

Il resort si compone di 106 bungalow in parte disseminati sull'isola e in parte sul mare retti da palafitte.

The resort comprises 106 bungalows, in part, spread out across the island and the rest out over the sea on stilts.

Il soggiorno di una Water Villa. | The living room of a Water Villa.

72 Resorts Magazine >> Spring 2010

La terrazza del ristorante indiano. | The terrace of the Indian restaurant.

Le Water Villa. | The Water Villas.

All'aeroporto i concierge della Four Seasons con agilità e cortese fermezza fendono accaldati gruppi di turisti e in un attimo raggiungono il pontile dove attende il motoscafo. Il resort si compone di 106 ameni bungalow in parte disseminati sull'isola e in parte sul mare retti da palafitte, questi ultimi con terrazza e accesso diretto al mare. Il periplo dell'isola richiede un quarto d'ora al massimo e si snoda tra spiagge di una sabbia corallina finissima e abbagliante.

Le Beach Villas hanno una grande vetrata che si apre sulla spiaggia dove si trova la piscina privata. La privacy è assicurata dalla vegetazione che lascia intravvedere il

and courteous - weaves through the groups of perspiring tourist and quickly reaches the jetty where the speedboat awaits us. The resort comprises 106 pleasant bungalows, in part, spread out across the island and the rest out over the sea on stilts. The latter have terraces and direct access from the sea. Walking around the perimeter of the island along beaches with the finest white coral sand takes a quarter of an hour.

The Beach Villas have a large window overlooking the beach with a private pool. Privacy is assured by the vegetation that permits a view of the sea but at the same time protects from indiscreet glances.

Discovering the resort is already an experience in itself, but the

Mano nella mano nei viali del resort. | Holding hands along the resort allées.

SPECIALE MALDIVE / FOUR SEASONS RESORT MALDIVES AT KUDA HURAA

Un padiglione della spa.
A spa pavilion.

Selezione di ingredienti per la spa. | Selection of spa ingredients.

mare ma allo stesso tempo ripara da sguardi indiscreti.
Scoprire il resort è già un'esperienza in sé ma è la spa il vero evento del Kuda Huraa. Situata sull'isoletta Hura Funhu ("isola delle palme da cocco") si raggiunge con un dhoni, originale imbarcazione maldiviana in legno. La reception è circolare e al centro dell'isola. Qui si sceglie il trattamento, consigliati da uno staff attento e preparato, molto internazionale con prevalenza di thailandesi e balinesi. I padiglioni per i trattamenti sono disposti a raggiera tra le palme e rivolti sul mare aperto. Si compongono di due spazi: lo spogliatoio con ampia vasca in pietra e doccia all'aperto e la sala per i trattamenti su palafitta, con parti del pavimento in vetro per ammirare i pesci e i coralli del fondo.

Più che offrire massaggi e trattamenti viso-corpo la spa è un evento, un viaggio, in una atmosfera ovattata fatta di silenzio, aromi di oli essenziali e tisane di ginger e lime. Ma tutto il resort offre un viaggio in una dimensione di attenzione ed esclusività sempre più raro da trovare.

real event of Kuda Huraa is its spa. Situated on the little island of Hura Funhu ("coconut palm island"), it can be reached by dhoni, an original wooden Maldivian boat. The reception is circular and in the centre of the island. Here one chooses the treatment, suggested by the attentive and prepared staff, very international but mostly Thai and Balinese. The treatment pavilions are situated like rays amid the palms and facing the open sea. They are composed of two spaces: the changing room, with a large stone tub and an outdoor shower and the treatment room on stilts, with parts of the floor in glass to admire the fish and the coral seabed.

More than offering massages and face-body treatments, the spa is an event, a trip, in an intimate atmosphere of silence, with the smell of essential oils and ginger and lime tea. The treatments are performed in pavilions on stilts surrounded by palms, with glass floors which permit one to observe the fish swimming in the water below.

Tramonto sul molo. | Sunset on the dock.

Più che offrire massaggi e trattamenti viso-corpo la spa è un viaggio, in una atmosfera ovattata fatta di silenzio, aromi di oli essenziali.

More than offering massages and face-body treatments, the spa is an event, a trip, in an intimate atmosphere of silence, with the smell of essential oils and ginger and lime tea.

La reception della spa. | Spa reception.

La reception del resort. | The resort reception.

A FIANCO: La grande vasca dei padiglioni della spa.
ON THE RIGHT: The grand bathtub of the spa pavilions.

INFO HOTEL

FOUR SEASONS RESORT MALDIVES AT KUDA HURAA
Noth Malé Atoll
Maldives

Phone: +960 6644888
www.fourseasons.com

Stanze | Rooms 0 - **Suites** 7
Ville | Villas 89 - **Restaurants** 4
Spa yes
Bambini | Children yes

Catena | Chain Four Seasons
Affiliazione | Affiliation

Attività | Activities
Jogging, water sport, diving, cruise.

Note | Notes
Abbinabile a una crociera sul Four Seasons Explorer.
Combinable to a Four Seasons Explorer cruise.

Voto	Score	88
Natura	Environment	94
Design	Design	83
Servizio	Service	90
Cucina	Cuisine	90
Salute	Health	80
Spa	Spa	96
Stanze	Rooms	86

SPECIALE MALDIVE / FOUR SEASONS LANDAA GIRAAVARU

Four Seasons Resort Maldives at *Landaa Giraavaru*

spazio e design per un dorato eremo
space and design for a golden hermitage

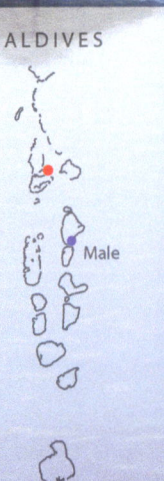

Avviandoci verso la piattaforma dell'idrovolante, ci voltiamo verso il viale di palme. Più che la "porta" del resort sembra la porta del paradiso.

Walking toward the platform for the seaplane, we turn toward the palm allée. More than the "doorway" to the resort, it seems to be the entrance to paradise.

76 Resorts Magazine >> Spring 2010

SPECIALE MALDIVE / FOUR SEASONS LANDAA GIRAAVARU

Il ristorante italiano Blu .
The Italian restaurant Blu.

Una lingua di sabbia di fronte al resort. | A strip of sand in front of the resort.

La laguna che lo ospita è lunga un paio di chilometri. 102 ville tra Beach e Water Villa.

Si racconta che l'architetto, ancor prima di sbarcare, vedendolo da lontano scelse il viale di palme come "porta" dell'isola. Come ogni luogo leggendario anche il Four Seasons Maldives at Landaa Giraavaru ha le sue storie che sconfinano nel mito. "Qui arriveranno gli ospiti e alla fine di questa lunga lingua di sabbia ci sarà il ristorante, si chiamerà Blu e sarà tutto bianco".
   Situato nel Baa Atoll al nord, si raggiunge in idrovolante dopo uno scenografico volo di 40 minuti. La laguna che lo ospita è lunga un paio di chilometri. 102 ville tra Beach e Water Villa.

It is said that the architect, even before landing on the island, seeing it from afar chose the allée of palms as the "doorway" to the island. As with all legendary places the Four Seasons Maldives at Landaa Giraavaru has its stories which border on myth. At one extreme of the island on a long tongue of sand, he also decided that a restaurant would be built. It would be called "Blu" and everything inside would be white.
   Situated in the Baa Atoll in the north, it can be reached by seaplane after a scenic flight of 40 minutes. The lagoon which hosts it is 2 kilometres long. 102 lodgings make up of the Beach and Water villas. The materials are simple: marbleised cement, wood, glass. The design is contempo-

Cocktail al tramonto. | Sunset cocktail.

A DESTRA: Il viale di accesso.
ON THE RIGHT: Entrance allée.

Veduta aerea del resort con le Water Villa. | Resort aerial view with the Water Villas.

The lagoon which hosts it is 2 kilometres long. 102 lodgings make up of the Beach and Water villas.

La zona notte di una Beach Villa.
Night area in a Beach Villa.

Resorts Magazine >> *Spring 2010*

SPECIALE MALDIVE / FOUR SEASONS LANDAA GIRAAVARU

Le Water Villa offrono una vista impareggiabile sull'oceano oltre a una propria piscina a sfioro.

The Water Villas offer an unparalleled view of the ocean besides their own infinity pool.

La zona giorno di una grande Water Villa. | Day zone of a grand Water Villa.

Il deck di una Water Villa. | The deck of a Water Villa.

Una Water Villa con piscina. | Water villa with pool.

Le Water Villa offrono una vista impareggiabile sull'oceano oltre a una propria piscina a sfioro. Le pareti di vetro permettono di interagire con l'esterno mentre l'orientamento assicura la massima privacy. Le Beach Villa invece sorgono nel giardino, contornate da fitta vegetazione tropicale. Un padiglione open air su due piani funge da soggiorno. Da qui un breve vialetto raggiunge la spiaggia dove ci attende una grande bale e le sdraio con ombrellone.

I materiali sono semplici: cemento marmorizzato, legno, vetro. Il design ovunque è molto contemporaneo con tocchi esotici soprattutto nelle coperture.

Ciò che distingue sempre i Four Seasons è il servizio. E il Landaa non delude nemmeno sotto questo aspetto. Semplicemente perfetto. I ristoranti offrono fantastiche grigliate di pesce (Fuego Grill), raffinata cucina italiana (Blu) o cucina araba (Al Barakat). Qui il menu può essere ayurvedico, in perfetta sintonia con la dosha che il medico ayurvedico della spa ha individuato dopo una consultazione. Menu salutare ma sempre ricco di sapore.

Il Dottor Avinash è un distinto signore sui 35 anni originario di Mumbai. Nello spiegarci questa antica disciplina medica indiana ci studia. Ci sente il polso. Ci interroga sul nostro stile di vita. E in un'ora ha trovato il nostro dosha. Questo tipo di corpo/personalità nasce dai cinque elementi (spazio, aria, fuoco, acqua,

rary throughout with exotic touches above all in the roofs.

The Water Villas offer an unparalleled view of the ocean besides their own infinity pool. Glass walls permit interaction with the exterior while the orientation ensures maximum privacy. The Beach Villas, on the other hand, are set in a garden of luxuriant tropical vegetation. A two-storey open-air pavilion serves as a sitting area. From here a short path leads on to the beach where a grand bale and beach chairs with an umbrella await.

One thing that always distinguishes the Four Seasons properties is the service. And Landaa does not disappoint regarding this aspect either. Simply perfect. The restaurants offer fantastic grilled fish (Fuego Grill), refined Italian cuisine (Blu) or Arab cuisine (Al Barakat) Here the menu can also be ayurvedic, perfectly in tune with the dosha the ayurvedic doctor at the spa has suggested after consultation. A healthy menu but always richly flavourful.

The resort's ayurvedic doctor, in explaining this ancient Indian medical discipline, studies us. He checks our pulse. He questions us about our lifestyle. After an hour, he has identified our dosha type. This type of body/personality stems from the five elements (space, air, fire, water, earth). Combinations of two are chosen to make up the three dosha types: Vata (space and air), Pitta (fire and water), Kapha (water and earth). Each of us is a combination of two doshas, in varying percentages. The ingredients for the treatments (among them the oil) will be prepared accordingly. The food in the Arab restaurant, Al Barakat, will as well be chosen following the same criteria.

SPECIALE MALDIVE / FOUR SEASONS LANDAA GIRAAVARU

La piscina di una Beach Villa.
The pool of a Beach Villa.

Il bar del ristorante marocchino. | The bar of the Moroccan restaurant.

terra). Se ne scelgono due da abbinare ottenendo tre tipi di dosha: Vata (spazio e aria), Pitta (fuoco e acqua), Kapha (acqua e terra). Ognuno di noi è una combinazione di due dosha, in percentuali variabili. Gli ingredienti per i trattamenti (l'olio ma non solo) saranno dosati di conseguenza. Ma anche il cibo sarà scelto di conseguenza nel ristorante arabo Al Barakat.

La Spa è anche una clinica ayurvedica. Qui si producono molte delle erbe usate per i trattamenti, che avvengono in padiglioni open air immersi nel giardino. Due terapisti applicano l'olio sul corpo in un lungo e dolce massaggio a quattro mani. Segue una seduta in sauna e una doccia con argille e sabbie che aiutano a rimuovere l'olio e completano il trattamento. Il dottore comunicherà allo chef de Al Barakat il tipo di dosha in modo che possa studiare il menu di conseguenza.

In pochi resort si prendono cura degli ospiti come qui. Avviandoci verso la piattaforma dell'idrovolante, ci voltiamo verso il viale di palme. Più che la "porta" del resort sembra la porta del paradiso. Di sicuro, almeno per quest'anno, è la porta del

The Spa is also an ayurvedic clinic. Here are produced many of the herbs used for the treatments, which take place in open-air pavilions immersed in the garden. Two therapists apply oil on the body in a long relaxing four-hand massage. Afterward, a period in the sauna and a shower with clays and sand that help remove the oil and complete the treatment. The doctor will communicate to the chef the guest's dosha type so that a specialised menu can be arranged.

In few resorts are guests cared for as here. Walking toward the platform for the seaplane, we turn toward the palm allée. More than the "doorway" to the resort, it seems to be the entrance to paradise.

Cena al Blu al tramonto. | Dinner at Blu at sunset.

La Spa è anche una clinica ayurvedica. Qui si producono molte delle erbe usate per i trattamenti, che avvengono in padiglioni open air immersi nel giardino.

The Spa is also an ayurvedic clinic. Here are produced many of the herbs used for the treatments, which take place in open-air pavilions immersed in the garden.

Il giardino del resort. | The resort garden.

INFO HOTEL

FOUR SEASONS RESORT MALDIVES AT LANDAA GIRAAVARU
Baa Atoll
Maldives

Phone: +960 6600888
www.fourseasons.com

Stanze | Rooms 0 - **Suites** 5
Ville | Villas 97 - **Restaurants** 4
Spa yes
Bambini | Children yes

Catena | Chain Four Seasons
Affiliazione | Affiliation

Attività | Activities
Jogging, tennis, water sport, diving, cruise.

Note | Notes
Abbinabile a una crociera sul Four Seasons Explorer.
Combinable to a Four Seasons Explorer cruise.

Voto	Score	100
Natura	Environment	100
Design	Design	99
Servizio	Service	100
Cucina	Cuisine	99
Salute	Health	100
Spa	Spa	99
Stanze	Rooms	100

Un trattamento a base di oli essenziali. | A treatment with essentials oils.

A FIANCO: Alcuni ingredienti della medicina ayurvedica.
ON THE RIGHT: A few ingredients of ayurvedic medicine.

SPECIALE MALDIVE / FOUR SEASONS EXPLORER

Four Seasons Explorer

il primo yacht a cinque stelle delle Maldive
the first five-star yacht cruising in the Maldives

Un catamarano di 39 metri per 12 di larghezza, capace di navigare a 16 nodi per crociere di tre, quattro e sette giorni.

A catamaran 39 metres long and 12 wide, capable of navigating at 16 knots for a three-, four-, seven-day cruise.

SPECIALE MALDIVE / FOUR SEASONS EXPLORER

Momenti romantici in crociera.
Romantic moments during the cruise.

La poppa del catamarano. | The stern of the catamaran.

Le dieci state room misurano 20 metri quadrati. Sono semplici e funzionali.

Il Four Seasons Explorer è il primo yacht a cinque stelle delle Maldive. Un catamarano di 39 metri per 12 di larghezza, capace di navigare a 16 nodi per crociere di tre, quattro e sette giorni. Costruito nei cantieri Image Marine di Perth si compone di tre ponti, dieci cabine per gli ospiti più la suite Explorer. Due sun deck con Jacuzzi, un ristorante, due bar, soggiorno, boutique e biblioteca.

Le dieci state room misurano 20 metri quadrati, sono semplici e funzionali, a bordo il vero lusso è la luminosità, lo spazio, la linearità del design (firmato da Kat Kng di Singapore), i materiali (cotone indiano, teak e alluminio). Il bagno include

The Four Seasons Explorer is the first five-star yacht cruising in Maldives. A catamaran 39 metres long and 12 wide, capable of navigating at 16 knots for a three-, four-, seven-day cruise. Constructed in the Image Marine shipyard of Perth, it comprises three decks and ten cabins for the guests plus the Explorer suite. Two sundecks with a jacuzzi, a restaurant, two bars, lounge, boutique and library.

The ten staterooms measure 20 square metres. They are simple and functional. On board the real luxury is the light, the space, the linearity of the design (created

I fondali delle Maldive offrono continue sorprese. | The Maldivian seabeds offer endless surprises.

A DESTRA: Un massaggio durante una sosta.
ON THE RIGHT: A massage during a stop.

La navigazione avviene tra gli atolli. | Sailing among the atolls.

The ten staterooms measure 20 square metres. They are simple and functional.

La sala del ristorante. | The restaurant.

Resorts Magazine >> *Spring 2010* 87

SPECIALE MALDIVE / FOUR SEASONS EXPLORER

L'Explorer è perfettamente attrezzato per le immersioni.r | The Explorer is perfectly equipped for diving.

La suite Explorer si trova a prua, sotto il ponte di comando e si estende per 45 metri quadrati.

The Explorer suite is in the bow under the bridge and extends for 45 square metres.

La cabina dell'armatore a prua. | The fore Shipowner's cabin.

Il sundeck del catamarano. | The catamaran sundeck.

La lounge-biblioteca. | The lounge-library.

addirittura la vasca, oltre alla doccia. La suite Explorer si trova a prua, sotto il ponte di comando, si estende per 45 metri quadrati, grandi finestre panoramiche si aprono sulla terrazza privata di fronte, la zona letto è completa di dormeuse e la zona pranzo di un tavolo per quattro commensali.

Il cruise director, saluta personalmente ogni ospite (al massimo 22) informandosi su preferenze, gusti, passioni in modo da personalizzare il più possibile l'esperienza a bordo. La navigazione è un continuo zigzagare tra atolli e banchi di sabbia, spesso si avvistano nuove isole e resort, alcuni lontani altri meno, di rado si incrociano altre imbarcazioni.

Il programma giornaliero è diviso in due con attività differenziate per chi fa immersioni (bisogna essere sub certificati per partecipare) e chi preferisce oziare (si fa per dire). Questi ultimi si trovano coinvolti in un turbinio di eventi, dalle battute di pesca alle lezioni di flora marina, sbarchi su isolette disabitate, picnic, cene formali con il capitano, barbecue in sarong sulla spiaggia, snorkelling, massaggi. I quattro tender a disposizione

by Kat Kng of Singapore), the materials (Indian cotton, teak and aluminium). The bath even includes a tub in addition to the shower. The Explorer suite is in the bow under the bridge and extends for 45 square metres. Giant panoramic windows open forward onto a private terrace. The sleeping area is complete with a dormeuse. The dining area has a table for four.

The cruise director personally greets each guest, (maximum 22) asking about preferences, tastes, passions in an attempt to personalise their experience aboard as much as possible. The cruise is a continuous zigzag among atolls and sandbanks, and one often sights new islands and resorts - some far others closer. Coming across other vessels is infrequent.

The daily program is divided into two with differentiated activities for those who want to dive (one must have diving certification to participate) and who prefers to relax (relatively speaking). The latter find themselves involved in a whirlwind of events, from fishing to lessons on marine flora, excursions to small uninhabited islands, picnics, formal dinners with the captain, a

SPECIALE MALDIVE / FOUR SEASONS EXPLORER

Tartaruga marina su un fondale. | Marine tortoise on the seabed.

La zona giorno della cabina dell'armatore. | The day area of the Shipowner's cabin.

assecondano ogni capriccio dei naviganti assicurando i collegamenti con il dhoni di appoggio e le isole alla Robinson Crusoe.

Non mancano le sorprese, l'ultima cena della crociera si tiene sulla spiaggia di un'isola deserta, illuminata dalle torce. Si lascia lo yacht all'imbrunire con i tender, l'isola è ancora immersa nella penombra e, mentre gli ospiti sbarcano, vengono accese le torce che illuminano il tavolo e i sedili scavati nella sabbia, ricoperti dalla tovaglia e da stuoie e tappeti. Il sole scompare all'orizzonte e lo chef si dà da fare al barbecue fino a che terminata la cena, a un cenno del cruise director, si ode un rullo di tamburi e tra le palme sbucano una decina di musici e danzatori (lo staff di bordo) che coinvolge i presenti in un turbinio di danze indigene molto ritmate.

All'indomani, dopo colazione, il capitano scruta il cielo, ancora pochi minuti e l'idrovolante della Maldivian Air Taxi raggiungerà lo yacht e riporterà gli ospiti all'aeroporto di Malé o a uno dei due resort della Four Seasons.

barbecue in sarong on the beach, snorkelling, massages. The four tenders available permit every caprice of the guests, ensuring the connections with the support dhoni and the islands à la Robinson Crusoe.

Surprises are not lacking. The last dinner of the cruise takes place in torch-light on the beach of a deserted island. The guests leave the yacht at dusk by tender, find the island still immersed in penumbra. And as they disembark, torches which illuminate the tables are lit, seats dug out of the sand, covered with the tablecloth, straw mats and rugs. The sun disappears on the horizon and the chef is busy at the barbecue until the end of the dinner. At the captain's signal, the sound of drum rolls is heard and from among the palms appear about ten musicians and dancers (the onboard staff) who involve the guest in a frenzy of very rhythmic indigenous dances.

Stella marina su un fondale corallino. | Starfish on a coralline seabed.

Non mancano le sorprese, l'ultima cena della crociera si tiene sulla spiaggia di un'isola deserta, illuminata dalle torce.

Surprises are not lacking. The last dinner of the cruise takes place in torch-light on the beach of a deserted island.

Un momento delle immersioni. | A moment during diving.

INFO CRUISE

FOUR SEASONS EXPLORER
Maldives

www.fourseasons.com

Stanze | **Rooms** 11 - **Suites** 0
Ville | **Villas** 0 - **Restaurants** 1
Spa no (massages)
Bambini | **Children** no

Catena | **Chain** Four Seasons
Affiliazione | **Affiliation**

Attività | **Activities**
Water sports, diving, cruise, fishing.

Note | **Notes**
Naviga tra i due resort della Four Seasons. Crociere di 3 e 7 giorni.
It cruises between the two Four Seasons resorts. Cruises of 3 and 7 days.

Una delle spaziose cabine. | One of the spacious cabins.

A FIANCO: L'Explorer in navigazione.
ON THE RIGHT: The Explorer while sailing.

SPECIALE MALDIVE / SHANGRI-LA'S VILLINGILI RESORT AND SPA

Shangri-la's Villingili Resort & Spa

nuovo, grande e isolato
new, spacious and isolated

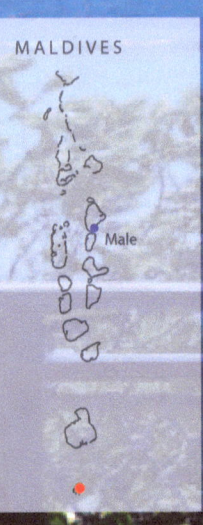

MALDIVES

Sole. Mare. Sabbia bianchissima. Gli ingredienti base per lasciarsi velocemente avvolgere dal ritmo lento della vita maldiviana ci sono tutti.

Sun. Sea. Very white sand. The basic ingredients for letting oneself be enveloped in the slow rhythm of Maldivian life are all present.

SPECIALE MALDIVE / SHANGRI-LA'S VILLINGILI RESORT AND SPA

L'interno di una Beach Villa.
The interior of a beach villa.

Cena romantica sulla spiaggia. | Romantic dinner on the beach.

Un gioiello unico per l'ospitalità di alto livello nella parte meridionale dell'arcipelago.

Superato l'Equatore, il turboelica della Maldivian atterra al Gan International Airport. L'atollo di Addu è il più a sud delle Maldive. Lo Shangri-La's Villingili Resort and Spa è un gioiello unico per l'ospitalità di alto livello nella parte meridionale dell'arcipelago disseminato nell'Oceano Indiano. Il motoscafo conduce rapidamente all'isola-resort. L'accoglienza è curata in ogni dettaglio. Sole. Mare. Sabbia bianchissima. Gli ingredienti base per lasciarsi velocemente avvolgere dal ritmo lento della vita maldiviana ci sono tutti. Sbarcare allo Shangri-La's Villingili Resort and Spa è anche sbarcare, in un attimo, dalla realtà concitata di tutti i giorni. Il Resort è una per-

Over the Equator, the turboprop of Maldivian lands at the Gan International Airport. The Addu Atoll is the most southern in the Maldives. Shangri-La Villingili Resort and Spa is a unique jewel for high-level hospitality in the southern part of the archipelago spread across the Indian Ocean. The speedboat drives quickly to the island-resort. The welcome is perfect in every detail. Sun. Sea. Very white sand. The basic ingredients for letting oneself be enveloped in the slow rhythm of Maldivian life are all present. To dock at the Shangri-La Villingili Resort and Spa is also to disembark, in a flash,

L'arrivo notturno al Dr. Ali's Restaurant. | Night arrival at Dr. Ali's Restaurant.

A DESTRA: Legno e corallo sono i materiali che dominano nel resort.
ON THE RIGHT: Wood and coral are the dominating materials at the resort.

Una delle spiagge del resort. | One of the resort beaches.

A unique jewel for high-level hospitality in the southern part of the archipelago spread across the Indian Ocean.

Le Water Villa al tramonto.
The Water Villas at sunset.

SPECIALE MALDIVE / SHANGRI-LA'S VILLINGILI RESORT AND SPA

La piscina a ridosso della spiaggia. | The pool next to the beach.

Il linguaggio parlato è quello dei paradisi perduti. Il comfort è semplice pur essendo lussuoso.

The language spoken is that of lost paradises. The comfort is simple even though it is luxurious.

Una delle aree comuni del resort. | One of the Resort's public areas.

La zona notte di una Pool & Water Villa. | The night area in a Pool & Water Villa.

La grande vasca del bagno. | The grand bathtub.

la raffinata seminata nell'infinito dell'Oceano. Per dirla con Charles Baudelaire qui è naturale lasciarsi andare perché tutto è lusso, calma e voluttà.

Il soggiorno nelle ampie Water Villa, palafitte sospese sulle acque traslucide, è un dosaggio sottile tra il piacere del corpo e dello spirito. Il linguaggio parlato è quello dei paradisi perduti. Il comfort è semplice pur essendo lussuoso. Moderno e raffinato. Ambienti studiati per mettere a proprio agio. L'architettura rispetta lo spirito dell'isola, mentre il décor degli interni parla il linguaggio contemporaneo. I colori degli arredi armonizzano le suggestioni dell'Oriente con il design minimalista. I materiali sono selezionati. Il risultato è superbo. La privacy è assoluta nelle Beach Villa: piscina, accesso alla spiaggia, zona bedroom e zona living. Il contatto con l'Oceano è unico immersi nella vegetazio-

from hurried everyday life. The resort is a refined pearl planted in the infinity of the ocean. To repeat Charles beaudelaire, here it is natural to let oneself go because everything is luxury, calm and voluptuousness.

The main room in the spaciousWater Villas, suspended over the translucent water on stilts, is a subtle dosage between bodily and spiritual pleasure. The language spoken is that of lost paradises. The comfort is simple even though it is luxurious. Modern and refined. Spaces studied to put us at ease. The architecture respects the spirit of the island, while the décor of the interiors speaks a contemporary language. The colours of the furniture blend the impressions of the Orient with minimalist design. The materials are selected. The result is superb. The privacy is absolute in the Beach Villas: pool, access to the beach, bedroom and living room. The contact with the ocean is unique, immersed in the vegetation of the Tree House Villa. The vegetation surrounds

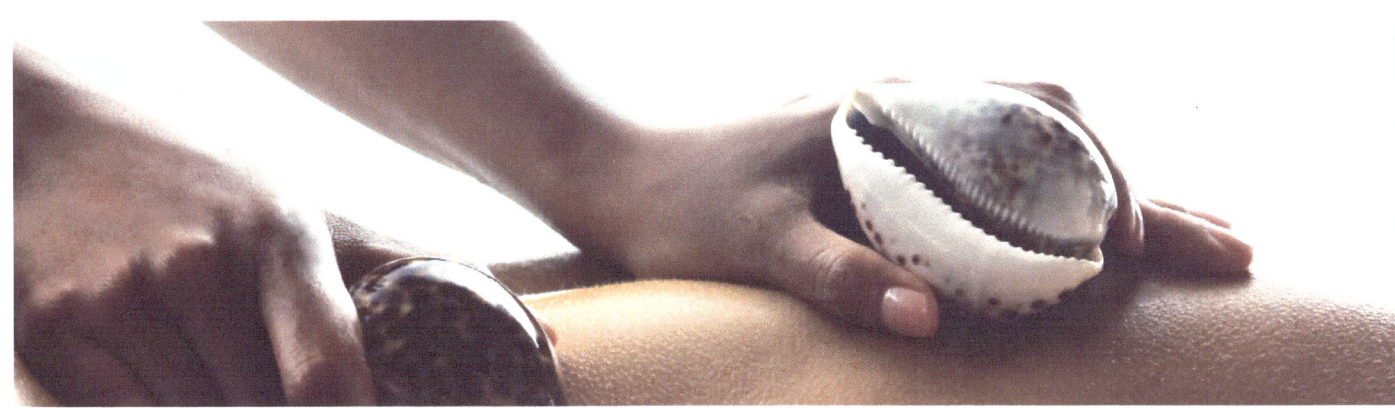

Un massaggio in spiaggia. | A massage on the beach.

SPECIALE MALDIVE / SHANGRI-LA'S VILLINGILI RESORT AND SPA

Momenti esclusivi su una spiaggia deserta.
Exclusive moments on a deserted beach.

La terrazza della Fashala Lounge. | The Fashala Lounge terrace.

ne delle Tree House Villa. La vegetazione racchiude le Pool Villa. Complessivamente un insieme di 142 ville con vista sull'Oceano o circondate dalla rigogliosa vegetazione dell'isola.

Il Villa Host è continuamente a disposizione per ogni aspetto organizzativo. Le attività sportive e non sono molteplici. I buggy o le biciclette permettono di raggiungere spiaggia, ristoranti, spa e parti comuni.

La Chi Spa è un'oasi di pace e armonia. I trattamenti, accolti nelle apposite ville sono prodigati da uno staff professionalmente elevato. Un cammino filosofico dei sensi che somma ai piaceri della distensione quelli della contemplazione.

Il resort è una destinazione romantica attenta però ai piaceri del palato. I suoi due ristoranti, il raffinato Dr. Ali's e il Javvu Restaurant sulla spiaggia, parlano con accento internazionale, asiatico, maldiviano, arabo e cinese. Testimonianza che la gastronomia è trattata con tutta l'attenzione che merita.

Tutto concorre a far sì che lo Shangri-La's Villingili Resort and Spa sia il riflesso di un universo più che perfetto per vivere mo-

the Pool Villa. In total 142 villas with an ocean view or surrounded by luxuriant greenery.

The villa Host is always available for any organisational aspect. The sports activities and others are numerous. The buggies or bicycles are used to reach the beach, restaurants, spa and public areas.

The Chi Spa is an oasis of peace and harmony. The treatments, arranged in special villas, are lavishly performed by an extremely professional staff. A philosophical path for the senses that adds to the pleasures of relaxation those of contemplation.

The resort is a romantic destination, attentive however to the pleasures of the palate. The two restaurants, the elegant Dr. Ali's and the Javvu Restaurant on the beach, speak with international, Asian, Maldivian, Arab and Chinese accents. Proof that the cuisine is treated with all the attention it deserves.

I fondali multicolori della zona. | The multi-coloured seabed in the zone.

Il resort è una destinazione romantica attenta però ai piaceri del palato.

The resort is a romantic destination, attentive however to the pleasures of the palate. The two restaurants speak with international, Asian, Maldivian, Arab and Chinese accents.

La reception della spa. | The Spa reception.

INFO HOTEL

SHANGRI-LA'S VILLINGILI RESORT & SPA
Addu Atoll
Maldives

Phone: +960 6897888
www.shangri-la.com

Stanze | Rooms 0 - **Suites** 0
Ville | Villas 142 - **Restaurants** 2
Spa Chi, The Spa
Bambini | Children yes

Catena | Chain Shangri-la
Affiliazione | Affiliation

Attività | Activities
Jogging, tennis, water sport, diving, cruise.

Note | Notes
E' uno degli ultimi ad essere inaugurati. One of the last to open.

Voto	Score	90
Natura	Environment	100
Design	Design	95
Servizio	Service	88
Cucina	Cuisine	86
Salute	Health	73
Spa	Spa	98
Stanze	Rooms	87

L'esterno di una Spa Villa. | The exterior of a Spa Villa.

A FIANCO: Momenti di relax alla spa.
ON THE RIGHT: Relaxing moments at the spa.

SPECIALE MALDIVE / Maldives Selection

Taj Exotica Resort & Spa
www.tajhotels.com

62 ville disposte in parte sulla spiaggia e in parte su palafitte compongono questo eremo maldiviano. Particolarmente accurato è l'arredo, l'architettura è tradizionale, con la copertura in paglia essiccata. Ottimo il servizio e la cucina.

62 villas situated in part on the beach and in part on stilts compose this Maldivian hermitage. The furnishings are particularly refined. The architecture is traditional, with roofs in dried straw. The service is superb and the cuisine excellent.

Conrad Maldives Rangali Island
www.conrad.com

Vuole stupire questo resort composto da due isole collegate da un lungo ponte. Stupisce per il ristorante sottomarino dalle pareti di vetro e anche per i pavimenti di vetro in alcune stanze. Le ville sono in gran parte su palafitte e solo alcune si affacciano sulla spiaggia.

This resort, composed of two islands linked by a bridge, means to dumbfound. It also surprises because of the glass-wall underwater restaurant and glass floors in some of the rooms. The villas are for the most part on stilts and a few face the beach.

Alila Villas Hadahaa
www.alilahotels.com

E' il desgin contemporaneo a colpire di questo resort composto da 50 beach e water villas. La tradizionale architettura maldiviana appare qui reinventata e ottimizzata per un soggiorno all'insegna della privacy e del comfort.

The contemporary design is what is striking about this resort, composed of 50 beach and water villas. The traditional Maldivian architecture here appears reinvented and optimised for a stay in the name of privacy and comfort.

Oltre ai resort presentati ce ne sono altri in grado di soddisfare i viaggiatori più esigenti. Eccone alcuni che non deludono.

Besides the resorts presented there are others that can satisfy the most demanding travellers. Here are a few which do not disappoint.

Atolli eccellenti
Excellent atolls

Soneva Fushi by Six Senses
www.sixsenses.com

Salendo sul motoscafo che porta all'isola il marinaio invita gli ospiti a togliersi le scarpe. Così, a piedi nudi, si arriva al resort dove, eccetto che nelle ville, non esistono pavimenti. I piedi calpestano regolarmente la sabbia. "No news no shoes", questa è la policy del resort.

Getting on the speedboat which transports guests to the Island, a sailor invites guests to remove their shoes. In this way – barefoot - guests arrive at the resort where, except in the villas, there is no floor. Feet simply walk across the sand. "No news no shoes".

Coco Palm Bodu Hithi
www.cocopalm.com

40 minuti di speed boat collegano l'aeroporto di Male con il Coco Palm Bodu Hithi. Questo è il fiore all'occhiello della catena. Realizzato in uno stile molto contemporaneo, offre grandi ville dotate di tutte le moderne tecnologie ma soprattutto mette a disposizione bellissime spiagge e un ottimo servizio.

40 minutes of speedboat connect the airport of Male to Coco Palm Bodu Hithi. This is the cherry on the cake in the chain. Constructed in a very contemporary style, it offers grand villas equipped with modern technologies but, above all, it offers extraordinary beaches and superb service.

W Retrait & Spa
www.starwoodhotels.com

Divani e gazebi circolari, terrazze panoramiche, pavimenti di vetro. E poi la grande W ad attendere sul pontile i nuovi arrivati. Questo è il W Retrait. Un design di grande impatto e che caratterizza tutte le proprietà del brand. E' popolato da un pubblico giovane, dinamico e alla moda.

Sofas and circular gazebos, panoramic terraces, glass floors. And then the grand W awaiting the new arrivals on the jetty. This is the W Retrait. A design of great impact which characterises all the properties of the brand. It is populated by a dynamic and fashionable young crowd.

SPECIALE MALDIVE / Note di viaggio Travel notes

Qatar Airways

Cinque stelle a terra e in volo
Five Stars on land and in flight

Non è solo questione di fare il check-in online (servizio ormai comune) e nemmeno quello di avere banchi dedicati a Business e First. Qui si tratta di avere tutto un terminal a disposizione per le classi superiori. Il Premium Terminal di Doha è un'oasi di tranquillità . Un trattamento alla spa, un pasto a la carte al ristorante e l'attesa dell'imbarco si trasforma in un momento di benessere.

Qatar Airways dispone di una flotta giovane con un network che copre tutto Medio e Lontano Oriente. In coincidenza con i voli da Milano e Roma non si sono solo le Maldive ma anche Kuala Lumpur, Jakarta, Manila e tante altre destinazioni. La possibilità di fare uno stop over a Doha arricchisce il viaggio. La "World's 5- star airline" non tradisce nemmeno a bordo, dove in tutte le classi è assicurato un alto standard di servizio e un intrattenimento davvero ricco.

La cabina della First Class. Uno dei dessert offerti a bordo.
The First Class cabin. One of the desserts offered onboard.

It is not only a question of online check-in (now quite common) nor having First-Class and Business counters. Here it is a question of having an entire terminal for superior classes. The Premium Terminal Doha is an oasis of tranquility. A spa treatment, an à la carte meal in the restaurant and the wait for departure have been transformed into a moment of wellbeing.

Qatar has a new fleet with a network that covers all the Middle and Far East. Connecting with flights from Rome and Milan, not only are there the Maldives but also Kuala Lumpur, Jakarta, Manila and many other destinations. The possibility of a stopover in Doha enriches the trip. The world's 5-star airline does not betray onboard either, where all classes are certain to enjoy a high standard of service and entertainment.

DESERT RESORT / SHARQ VILLAGE & SPA

DOHA Sharq Village & Spa

Uno scrigno dove coltivare l'intimità. Uno spazio dove tradizione locale e servizi dell'ospitalità di alto livello s'incontrano.

A jewellery box for cultivating intimacy. A space where local tradition and high-level hospitality services meet.

L'ingresso del resort. | The entrance to the resort.

Relax nell'hammam. | Relaxing in the Hammam.

Paolo Gerbaldo

La piscina all'imbrunire. | The pool at sunset.del bar

DESERT RESORT / SHARQ VILLAGE & SPA

Lo Sharq Village & Spa della Ritz-Carlton è un gioiello finemente cesellato.

The Ritz-Carlton's The Sharq Village & Spa is a jewel chiseled with care.

L'ampia reception. | The spacious reception.

Una Deluxe King Room. | A Deluxe King Room.

Lo Sharq Village & Spa della Ritz-Carlton è un gioiello finemente cesellato. Le forme architettoniche di un tradizionale villaggio della penisola arabica, attentamente ricreato, fanno rivivere una leggenda che parla di mercanti e di aromi che emanano dai suq. Un bouquet di suggestioni che dà agli ospiti un'esperienza memorabile. La forte identità territoriale caratterizza le 174 lussuose camere e suite. Una ricercata ospitalità distintiva la offre la Royal Villa.

Tutto nello Sharq Village è delicato. Tutto è stato meticolosamente curato. Luoghi raffinati che rendono omaggio alla bellezza dell'arte arabo-islamica impreziositi da marmi e cristalli. L'ambiente ideale per rilassarsi ammirando la moderna skyline offerta dalla baia di Doha. Quando si arriva allo Sharq Village si aprono le porte delle meraviglie dell'Arabia e dell'Oriente. Sensazioni che provengono direttamente dalla storia del Qatar. Una storia che passa anche attraverso l'eccellente offerta gastronomica dei ristoranti, Al Liwan e Al Dana, in cui non mancano le opportunità per gustare i

The Sharq Village & Spa is a jewel chiseled with care. The architectonic forms of a traditional village of the Arabian Peninsula, carefully recreated, make us relive a legend that speaks of merchants and spices which emanate from the souks. A bouquet of impressions that gives guests a memorable experience. The strong territorial identity characterises the 174 luxurious rooms and suits. A distinctive and elegant hospitality is offered by the Royal Villa.

Everything in the Sharq Village is dedicated. Everything has been meticulously cared for. Refined places that pay homage to the beauty of Arabian-Islamic art, enhanced by marble and crystal. The ideal ambience for relaxation, admiring the modern skyline offered by the bay of Doha. When one arrives at the Sharq Village the doors of the Wonders of Arabia and the Orient open. Sensations that come directly from the history of Qatar. A history that also passes through the excellent gastronomic offering in the restaurants, Al Liwan and Al Dana, in which the opportunities are not missing to taste the flavours from the Middle East before settling down in the Cigar Lounge or in the Wanis Shisha Terrace.

SOPRA: Il bagno della Royal Villa.
ABOVE: The bathroom in the Royal Villa.

A SINISTRA: Terrazze e cortili si affacciano sulla piscina.
ON THE LEFT: Terrace and courtyard overlook the pool.

DESERT RESORT / SHARQ VILLAGE & SPA

Gli esploratori del lusso raffinato, i viaggiatori dell'Oriente che approdano allo Sharq Village & Spa sappiano che qui, per non deluderli, nulla è stato lasciato al caso.

The explorers of refined luxury, the travellers of the Orient that docked at the Sharq Village & Spa know that here, to avoid disappointment, nothing is left to chance.

Piante grasse in un cortile. | Cactus plants in the courtyard.

La terrazza dell'Al Dana Restaurant. The Al Dana Restaurant terrace.

La zona notte della Royal Suite. | Night area of the Royal Suite.

INFO HOTEL

SHARQ VILLAGE & SPA
P.O. Box 26662
Doha, Qatar

Phone: +974 4256666
www.sharqvillage.com

Stanze | **Rooms** 174 - **Suites** 0
Ville | **Villas** 0 - **Restaurants** 4
Spa Six Senses
Bambini | **Children** yes

Catena | **Chain** Ritz-Carlton
Affiliazione | **Affiliation**

Attività | **Activities**
Sightseeing.

Note | **Notes**
Nuovo resort in stile moresco nei pressi dell'aeroporto.
New Moresque-style resort near the airport.

Voto	Score	81
Natura	Environment	77
Design	Design	90
Servizio	Service	81
Cucina	Cuisine	75
Salute	Health	60
Spa	Spa	100
Stanze	Rooms	85

Lo spogliatoio della spa. | The spa dressing room.

La piscina coperta della spa. | The covered pool of the spa.

sapori del Medio Oriente prima di installarsi nella Cigar Lounge o nell'Al Wanis Shisha Terrace.
La magia del luogo. Gli ampi spazi labirintici del resort nei quali smarrirsi. I 6500 metri quadrati della Six Senses Spa ricordano però che è arrivata l'ora della dolcezza. Le linee di un'antica abitazione araba fanno da cornice ad una Spa difficile da dimenticare. L'atmosfera è infatti quella giusta per abbandonarsi ad un massaggio praticato da mani esperte e godere così di momenti rilassanti indimenticabili.

The magic of the place. The spacious labyrinthine areas of the resort in which one could get lost. The 6500 square metres of the Six Senses Spa announce, however, that the nice hour has arrived. The lines of an ancient Arabian dwelling serve as a frame for a spa difficult to forget. The atmosphere is, in fact, right for abandoning oneself in a massage performed by expert hands and enjoying unforgettable relaxing moments.

The explorers of refined luxury, the adventurers of culture and classy hospitality, the travellers of the Orient that docked at the Sharq Village & Spa know that here, to avoid disappointment, nothing is left to chance.

MEDITERRANEAN RESORT / KEMPINSKI HOTEL GIARDINO DI COSTANZA

MAZARA DEL VALLO

Kempinski Hotel *Giardino di Costanza*

Circondato da un ampio parco, immerso tra ulivi e vigneti, il Kempinski Hotel Giardino di Costanza coccola gli ospiti accogliendoli in 91 camere e suite, con terrazza o balcone, moderne e spaziose.

Surrounded by a spacious garden, immersed in olive trees and grapevines, the Kempinski Hotel Giardino Costanza pampers its guests welcoming them in 91 rooms and suites, with terrace or balcony, modern and spacious.

La facciata sul giardino. | The garden façade.

La piscina coperta. | The covered pool.

Paolo Gerbaldo

Il resort all'imbrunire. | The resort at sunset.

MEDITERRANEAN RESORT / KEMPINSKI HOTEL GIARDINO DI COSTANZA

Nello spettacolare e variegato paesaggio della Sicilia Occidentale, l'arrivo a cavallo al Giardino di Costanza di un personaggio del Gattopardo non farebbe di certo scalpore.

In the spectacular and varied landscape of western Sicily, the arrival on horseback at the Giardino di Costanza of a character from the Gattopardo would certainly not surprise.

Uno scorcio del giardino. | View of the garden.

La grande piscina. | The grand pool.

Il giardino e la campagna circostante. | The garden and surrounding countryside.

L'architettura è sobria. Gli ambienti raffinati. Antico e moderno. Semplicità e ricercatezza. Atmosfera e luci mediterranee. Servizi curati. Tratti distintivi del siciliano Giardino di Costanza a Mazara del Vallo.

Nello spettacolare e variegato paesaggio della Sicilia Occidentale, l'arrivo a cavallo al Giardino di Costanza di un personaggio del Gattopardo non farebbe di certo scalpore. L'ambiente tradizionale dell'agiata dimora signorile è infatti preservato con attenzione.

La spaziosa terrazza si apre su un giardino, costellato di fontane, cascate, giochi d'acqua, che introduce alla piscina. Chi vuole approfittare del mare può invece farlo al vicino Lido di Costanza: spiaggia privata con gazebo, capannine e ristorante.

La piscina dai riflessi scintillanti. La calma del luogo. Uno scenario perfetto per godere al meglio di questo tranquillo rifugio in cui rilassarsi.

Salute e bellezza sono in mani esperte. L'innovativa realtà della Nakhlah, centro longevità, life-style e

The architecture is sedate. The ambience refined. Antique and modern. Simplicity and refinement. Atmosphere and Mediterranean lights. Attentive service. Distinctive features of the Sicilian Giardino di Costanza in Mazara del Vallo.

In the spectacular and varied landscape of western Sicily, the arrival on horseback at the Giardino di Costanza of a character from the Gattopardo would certainly not surprise. The traditional ambience of the comfortable aristocratic abode is, in fact, attentively preserved.

The spacious terrace opens onto a garden, dotted with fountains, cascades, water plays, which lead to the swimming pool. Those who want to take advantage of the sea may do so at the nearby Costanza beach: private beach with gazebo, bungalows and a restaurant.

The pool of scintillating reflections. The calm of the place. A perfect scenario to best enjoy this tranquil refuge of relaxation.

Health and beauty are in expert hands. The innovative reality of the Nakhlah, centre of longevity, life-style and beauty, encloses the Daniela Steiner Beauty Spa and Olis Diagnostic, Therapeutic and Educational Centre.

SOPRA: Una delle stanze con i variopinti arredi.
ABOVE: One of the rooms with fanciful furnishings.

A SINISTRA: Gazebo nel giardino.
ON THE LEFT: Gazebo in the garden.

MEDITERRANEAN RESORT / KEMPINSKI HOTEL GIARDINO DI COSTANZA

La delicatezza della cucina, con specialità siciliane, a base di prodotti locali e pesce fresco, e piatti della cucina internazionale, non manca di stupire.

The delicateness of the cuisine - with Sicilian specialties, made with local products and fresh fish and dishes from international cuisine, never cease to amaze.

Un momento dei trattamenti. | A treatment session.

Il grande padiglione nella piscina. | The grand pavilion at the pool.

La terrazza sul mare. | The terrace on the sea.

INFO HOTEL

KEMPINSKI HOTEL GIARDINO DI COSTANZA
via Salemi km 7, 100
91026 Mazara del Vallo, Italy

Phone: +39 0923675000
www.kempinski.com

Stanze | Rooms 174 - **Suites** 0
Ville | Villas 0 - **Restaurants** 2
Spa Nakhlah Spa
Bambini | Children yes

Catena | Chain Kempinski
Affiliazione | Affiliation

Attività | Activities
Bike, jogging, beach.

Note | Notes
Lido privato.
Private lido.

Voto	Score	75
Natura	Environment	82
Design	Design	77
Servizio	Service	75
Cucina	Cuisine	81
Salute	Health	59
Spa	Spa	66
Stanze	Rooms	82

La zona giorno di una suite. | A suite living room.

Il centro congressi. | The convention centre.

beauty, racchiude al suo interno Daniela Steiner Beauty Spa e Olis, centro diagnostico, terapeutico e educazionale.

Il modo migliore per godersi le notti d'estate siciliane è cenare all'aperto. Il Ristorante Dobbesi, con la sua terrazza sul giardino, soddisfa completamente questo desiderio. La delicatezza della cucina, con specialità siciliane, a base di prodotti locali e pesce fresco, e piatti della cucina internazionale, non manca di stupire.

The best way to enjoy Sicilian summer nights is to eat outside. The Restaurant Dobbesi, with its terrace overlooking the garden, satisfies this desire entirely. The delicateness of the cuisine - with Sicilian specialties, made with local products and fresh fish and dishes from international cuisine, never cease to amaze.

The dimensions of the place created for luxury and social status - which come back alive due to its history and style - will make it difficult to forget the emotions of the days spent at the Kempinsky Hotel Giardino di Costanza.

HISTORIC HOTEL / THE AMERICAN COLONY HOTEL JERUSALEM

GERUSALEMME | JERUSALEM

The American Colony Hotel

Un angolo raffinato, posto a pochi passi dalla città vecchia, dove s'incrociano classe e discrezione.

A refined corner, situated a few steps from the old city, where class and discretion cross.

Il celebre giardino. | The famous garden.

Gli arredi originali. | Original furnishings.

Paolo Gerbaldo

La targa LMHW all'ingresso. | The entrance LSHW logo.

HISTORIC HOTEL / THE AMERICAN COLONY HOTEL JERUSALEM

Il contributo che l'American Colony ha apportato alla Città Santa è incontestabile. Gli ospiti illustri, della politica, della cultura, del giornalismo, vi sono di casa.

The contribution that The American Colony has brought to the Holy City is indisputable. The illustrious guests from the political, cultural and journalistic worlds are at home here.

Aree di sosta nel giardino. | Rest area in the garden.

Il soggiorno nell'edificio principale. | The lounge in the main building.

Una delle ampie stanze. | One of the spacious rooms.

I leggendari Horatio e Anna Spafford di Chicago arrivarono a Gerusalemme nel 1881. Il bisogno di una vita cristiana semplice li portò presto ad instaurare ottimi rapporti con la popolazione locale. La colonia degli "americani" si ingrandì intanto rapidamente. Per poterli accogliere tutti venne allora acquistato un edificio inizialmente costruito per un pacha. Una seconda svolta avvenne nel 1902. Il Barone Ustinov decise infatti che occorreva dare ai viaggiatori americani ed europei un'ospitalità adeguata e di un livello come non esisteva in Terra Santa.

Fu così che nacque The American Colony Hotel Jerusalem: un luogo deputato ad occupare un posto unico nella storia di Gerusalemme e del viaggio in Oriente. Il contributo che l'American Colony ha apportato, e continua ad apportare, alla Città Santa è incontestabile. Gli ospiti illustri, della politica, della cultura, del giornalismo, vi sono di casa.

Oggi la dimora degli Spafford è un celebrato albergo di 84 camere e suite, tutte moderne e funzionali. Un angolo raffinato, posto a pochi passi dalla città vecchia, dove s'incrociano classe e discrezione. Un'isola di neutralità nella multiculturale Gerusalemme. Un'oasi di tranquillità per i momenti d'incontro al Cellar Bar: sintesi di modernità e atmosfere orientali ottocentesche.

Del carattere unico dello splendido American Colony, ricco di memorie e di influenze stilistiche arabo-orientali, ci si accorge fin dalla lobby. Gli archi incorniciano, e introducono, l'incantevole giardino interno. Proseguendo allora in questa passeggiata nella storia, le sorprese continuano in un susseguirsi di volte, corridoi, passaggi, balconi, saloni, come la Pasha Room, e terrazze, come la Pasha Terrace. Un hotel in dialogo architettonico e culturale con la città.

Il ristorante Arabesque, sapientemente condotto, propone, accanto ai prestigiosi piatti della cucina araba, sposati con una ricca carta dei vini, quelli del menù internazionale.

The legendary Horatio and Anna Spafford from Chicago arrive in Jerusalem in 1881. Their desire for a simple Christian life soon led them to establish a solid relationship with the locals. The colony of the "Americans" grew very fast. In order to accommodate them all, a building initially constructed for a pacha was purchased. It happened again in 1902. Baron Ustinov, in fact, decided that American and European travellers required adequate hospitality at a certain level in the Holy Land.

For this reason The American Colony Hotel Jerusalem was born: a place destined to occupy a unique position in the History of Jerusalem as well as in travel in the Orient. The contribution that The American Colony has brought – and continues to do so – to the Holy City is indisputable. The illustrious guests from the political, cultural and journalistic worlds are at home here.

Today the abode of the Spaffords is a famous hotel with 84 rooms and suites, all modern and functional. A refined corner, situated a few steps from the old city, where class and discretion cross. An island of neutrality in the multicultural Jerusalem. An oasis of tranquility for appointments at the Cellar Bar: synthesis of modernity and eighteenth-century Oriental spaces. The unique character of the splendid American Colony, rich in memories and Arab-Oriental stylistic influences, can be felt right from the lobby. The arches frame and introduce the enchanting interior garden. Continuing this stroll in history, the surprises continue one after another in vaults, corridors, passages, balconies, salons, such as the Pasha Room and terraces like the Pasha Terrace. An architectonic and cultural hotel that dialogues with the city. The restaurant, Arabesque, efficiently managed, proposes - alongside the prestigious Arab dishes combined with an extensive list of wines - those of an International menu.

Staying at the American Colony Hotel one lives in an atmosphere that takes us far back in time. Here, today, as in the eighteen hundreds, one enjoys a hospitality which is part of a grand tradition of the voyage en Orient.

INFO HOTEL

AMERICAN COLONY
One Louis Vincent Street
Jerusalem, Israel

Phone: +972 2 627 9777
www.americancolony.com

Stanze | Rooms 86 - **Suites** 5
Ville | Villas 0 - **Restaurants** 3
Spa no
Bambini | Children yes

Catena | Chain Gauer Hotels
Affiliazione | Affiliation
LHW

Attività | Activities
Sightseen.

Note | Notes
Hotel storico.
Historic hotel.

Voto	Score	67
Natura	Environment	93
Design	Design	85
Servizio	Service	74
Cucina	Cuisine	84
Salute	Health	54
Spa	Spa	0
Stanze	Rooms	76

A SINISTRA: La lobby e il giardino.
ON THE LEFT: The lobby and the garden.

TRAVEL FOR TRAVELLERS / ARABIA SAUDITA - MADA'IN SALEH

ARABIA SAUDITA | SAUDI ARABIA

Mada'in Saleh
Sulla via dell'incenso

Difficile descrivere la bellezza e l'unicità di quest'area selvaggia, spettacolare, sconosciuta ma così ricca di interesse archeologico.

*Along the Incence Route.
It is difficult to describe the beauty and uniqueness of this wild, spectacular and unknown area, an area, nonetheless, extremely rich in archeological interest.*

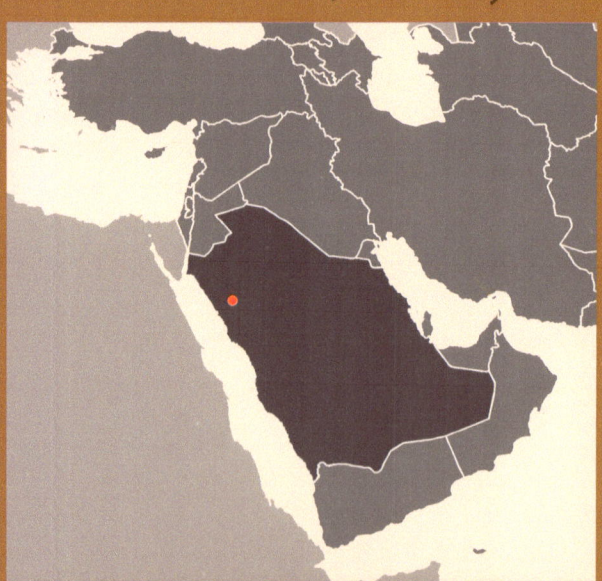

Un passaggio tra le rocce.
A narrow path amid the rocks.

Un capitello su una tomba. | A capital on a tomb.

Ovidio Guaita

Qsr al-Farid, la tomba più conosciuta. | Qsr al-Farid, the best known tomb.

TRAVEL FOR TRAVELLERS / ARABIA SAUDITA - MADA'IN SALEH

L'antico regno dei Nabatei tra il I sec. a.C. e il I sec. d.C. raggiunge l'apice dello splendore testimoniato dalle monumentali tombe scolpite nelle rocce di Madain Saleh e di Petra.

Between the I century B.C. and I century A.D., the ancient kingdom of the Nabateans reaches the zenith of its splendour witnessed to by the monumental tombs sculpted in the rock of Madain Saleh and Petra.

Tomba scavata nella roccia. | Tomb carved in the rock.

Un frontone con aquila. | A fronton with eagle.

La parete detta Qasr al-Bint. | The wall called Qasr al-Bint.

La storia della penisola arabica è antica e complessa. Sicuramente più di quello che comunemente si immagina. Ma il Paese oggi stupisce il viaggiatore anche con le meraviglie tecnologiche e modernissime torri.

L'antico regno dei Nabatei tra il I sec. a.C. e il I sec. d.C. raggiunge l'apice dello splendore testimoniato dalle monumentali tombe scolpite nelle rocce di Madain Saleh e di Petra. Ma il loro regno conobbe anche il declino a partire dal III secolo quando i Romani iniziarono a trasportare la preziosa resina via mare. In origine erano soprattutto le regioni costiere a essere abitate ma nel XV secolo gli Al Saud fondarono Dir'iyyah, l'antica capitale alle porte di Riyadh. Il regno divenne impero nel 1744. Conobbe un breve periodo di declino con l'invasione ottomana all'inizio dell'Ottocento. Nel 1902 il re Abdul Aziz conquista l'Al Musmak Fort, oggi nel centro di Riyadh, e da qui inizia la riconquista della nazione da parte dell'attuale famiglia regnante che abbandonò Dir'iyyah e fece di Riyadh la nuova capitale segnando

The history of the Arabian peninsula is ancient and complex. Certainly more so than commonly imagined. However, today the country amazes the traveller with its technological wonders and very modern towers.

Between the I century B.C. and I century A.D., the ancient kingdom of the Nabateans reaches the zenith of its splendour witnessed to by the monumental tombs sculpted in the rock of Madain Saleh and Petra. But the kingdom also knew decline starting from the III century when the Romans began transporting precious resins by sea. Originally only the costal regions were inhabited but in the XV century the Al Saud founded Dir'iyyah, the ancient capital at the doors of Riyadh. The kingdom became an empire in 1744. It saw a brief period of decline with the Ottoman invasion at the beginning of the eighteen hundreds. In 1902 King Abdul Aziz conquers the Al Musmak Fort, today in the centre of Riyadh and from here the reconquest of the nation begins, led by the present reigning family, who abandoned Dir'iyyah and made Riyadh their new capital, marking a turning point in the history of the country.

Despite contradictions or, perhaps, because of them, today

SOPRA: Un portale decorato con vasi e aquila.
ABOVE: A portal decorated with vases and eagle.

A SINISTRA: Una delle tombe più grandi.
ON THE LEFT: One of the largest tombs.

Resorts Magazine >> *Spring 2010*   127

TRAVEL FOR TRAVELLERS / ARABIA SAUDITA - MADA'IN SALEH

I Nabatei erano degli straordinari scultori di rocce, e a Hegra hanno scolpito un centinaio di enormi tombe su pareti rocciose e roccioni isolati nel deserto.

The Nabateans were extraordinary rock sculptors, and in Hegra they sculpted hundreds of enormous tombs on stone walls and huge rocks isolated in the desert.

I pochi turisti sono locali. | The few tourists are locals.

L'anfratto detto Diwan. | The ravine called Diwan.

Un passaggio a Al Ula.
A narrow street in Al Ula.

Veduta della cittadina di Al Ula. | View of the little town of Al Ula.

una svolta nella storia del paese.

Nonostante le contraddizioni o forse proprio grazie a esse Riyadh è oggi la città simbolo dell'Arabia contemporanea. Fedele alle tradizioni artistiche, culturali e religiose ma anche con gli occhi ben aperti sulla realtà del ventunesimo secolo. Ma è Mada'in Saleh che meglio rappresenta la storia della penisola quando era attraversata dalla via carovaniera dell'incenso.

Difficile descrivere la bellezza e l'unicità di quest'area selvaggia, spettacolare, sconosciuta ma così ricca di interesse archeologico. Mada'in Saleh (la città del profeta Saleh) è il nome attuale dell'antica Hegra la città nabatea che, assieme a Petra in Giordania, erano i due centri più importanti sulla rotta dell'incenso, la via carovaniera che proveniva dal regno della regina di Saba (l'attuale Yemen) e attraverso tutta la penisola arabica portava le merci che venivano prodotte tra i monti del sud o che erano importati dall'India fino al Mediterraneo. I Nabatei erano degli straordinari scultori di rocce e, come a Petra, a Hegra hanno scolpito un centinaio di enormi tombe su pareti rocciose e roccioni isolati nel deserto la maggior parte delle quali decorate con

Riyadh is the symbol of contemporary Arabia. Loyal to artistic, cultural and religious traditions but also with its eyes wide open to the reality of the 21st century. Ma è Mada'in Saleh che meglio rappresenta la storia della penisola quando era attraversata dalla via carovaniera dell'incenso.

It is difficult to describe the beauty and uniqueness of this wild, spectacular and unknown area, an area, nonetheless, extremely rich in archeological interest. Mada'in Saleh (the city of the prophet Saleh) is the present name of the ancient Hegra, the Nabatean city which, along with Petra in Jordan, were the two most important centres along the incense road, the caravan route that came from the kingdom of the Queen of Sheba (present-day Yemen) and, crossing the entire Arabian peninsula, facilitated the transportation of goods produced among the mountains of the south or that were imported from India to the Mediterranean. The Nabateans were extraordinary rock sculptors, and, as in Petra, in Hegra they sculpted hundreds of enormous tombs on stone walls and huge rocks isolated in the desert, most of which were decorated with majestic entrances enhanced with columns, capitals, beams, eagles and other symbols that stand out in a surprising way on the ochre-yellow rock of these mountains. The interiors are empty, despoiled after centuries of raids, but usually

TRAVEL FOR TRAVELLERS / ARABIA SAUDITA - MADA'IN SALEH

Successivamente l'incenso prese la via del Golfo Persico, iniziò la decadenza fino alla scomparsa della cività nabatea.

Successively, new sea routes were opened and incense took the route of the Persian gulf, starting its decline up to the disappearance of the Nabatean civilization.

Le grandi rocce della zona. | The giants rocks of the area.

Costruzioni in fango di Al Ula. | Mud edificies in Al Ula.

Il forte della stazione ferroviaria. | The fort of the train station.

La rimessa delle locomotive.
The locomotive depot.

Aree della manutenzione nella stazione. | Maintenance areas in the station.

ingressi maestosi arricchiti da colonne, capitelli, architravi, aquile e altri simboli che risaltano in modo sorprendente sulla roccia giallo ocra di queste montagne. Gli interni sono vuoti, depredati da secoli di razzie e presentano solamente nicchie e loculi dove venivano posti i corpi dei morti. La città raggiunse il suo massimo splendore tra il I sec. a.C. e il I sec. d.C. quando era un importante punto di sosta sulla via dell'incenso e si arricchì con dazi che arrivavano al 25%.

Successivamente vennero aperte nuove rotte via mare e l'incenso prese la via del Golfo Persico e iniziò

contain niches and locules where the dead were placed. The city reached its heyday between the I century B.C. and the I century A.D., when it was an important stopover along the incense road and became wealthy from taxes that reached 25%.

Successively, new sea routes were opened and incense took the route of the Persian gulf, starting its decline up to the disappearance of the Nabatean civilization. Only the memory of its riches remained.

ARABIA SAUDITA
Note di Viaggio
Tesori nel deserto

Un paese ancora misterioso, vastissimo e frequentato sin dai tempi dei Nabatei che sulla Via dell'Incenso costruirono la famosa Petra a nord e la sconosciuta Hegra in pieno deserto saudita. Oggi Madain Saleh, l'antica Hegra, è un sito archeologico di straordinario interesse con oltre 100 grandi tombe scavate nella roccia. Ma il viaggio prevede anche l'attraversamento del deserto della Hisma Valley, caratterizzato da splendide e selvagge vallate rocciose con dune di sabbia rosse, rocce color ocra e interessanti incisioni rupestri preistoriche. Il pozzo di Taima, il più antico del regno, nonché il più grande, risalente all'epoca babilonese (primo millennio a.C.). L'oasi di El Ula splendidamente incassata tra enormi pareti rocciose. Riyadh e Jeddah le due grandi città che permettono di entrare in contatto con una cultura tuttora chiusa in seguito ai pochi contatti avuti con l'occidente.

Date di partenza: 28 Marzo 2010

Quota di partecipazione da Milano:
10-14 partecipanti € 2.700
8-9 partecipanti € 2.870

Supplemento stanza singola € 260

SAUDI ARABIA
Travel Notes
Treasure in the desert

Still a mysterious country, vast and frequented since the time of the Nabateans who, along the Incense Road, constructed the famous Petra in the north and the unknown Hegra in the middle of the Saudi desert. Today, Madain Saleh, the ancient Hegra, is an archeological site of extraordinary interest with more than 100 grand tombs carved in rock. However, the trip will also include the crossing of the Hisma Valley, characterised by splendid and wild rocky valleys with red-sand dunes, ochre-coloured rocks and interesting prehistoric rock carvings. The well at Taima, the oldest and largest in the kingdom, dating back to the Babilonian era (1000 B.C.). The oasis of El Ula, splendidly set between enormous rock walls. Riyadh and Jeddah, the two largest cities, which permit contact with a culture still closed after its few encounters with the West.

Departure Date: 28 March 2010

Participation Fee from Milan:
10-14 participants € 2,700
8-9 participants € 2,870

INFO

I Viaggi di Maurizio Levi

Via Londonio, 4 - Milano - ITALY
Tel. +02 34934528 - Fax +02 34934595

info@deserti-viaggilevi.it
www.deserti-viaggilevi.it

nel prossimo numero
IN NEXT ISSUE

Speciale Costa Azzurra
e altre perle del Mediterraneo

SPECIAL ON THE FRENCH RIVIERA
AND OTHER MEDITERRANEAN PEARLS

www.ingramcontent.com/pod-product-compliance
Lightning Source LLC
Chambersburg PA
CBHW041549220426
43666CB00002B/18